KB201789

북한에도 성소수자가 있을까?

남북한 문화비교 총서 17

북한에도 성소수자가 있을까?

전주람｜곽상인｜김지일

한국학술정보

○ 들어가는 글

　　남북한 문화비교 연구총서는 학계에만 국한되어 출간되는 연구물을 대중화할 필요가 있겠다는 기대로부터 기획되었습니다. 2020년 여름, 전주람은 학회지에 북한이주민의 생생한 증언을 담는 작업을 하고 있었습니다. 그때 한국학술정보출판사에서 연구자들이 그간 학술지면에 발표한 논문을 단행본으로 엮는 작업을 한다는 광고를 보게 되었습니다. 그래서 한국학술정보 이강임 팀장님과 만나, 딱딱한 북한 관련 총서에서 벗어나 북한이주민의 생생한 증언을 담아내는 방식의 남북한 문화비교 연구총서를 엮자는 데 의견을 모았습니다. 그간 북한이주민들의 심리사회적 자원을 시작으로 가족관계와 문화, 복지, 직장 생활 및 연애와 성과 사랑 등에 이르기까지 다양한 연구를 현장 인터뷰 방식으로 진행해 왔었는데, 그 내용을 남북한 문화비교 총서로 엮는다면 보다 많은 독자가 쉽게 내용을 접할 수 있지 않을까 판단했습니다.

　　남북한 문화비교 총서는 '일상생활(daily life)'을 주된 연구 영역으로 삼았습니다. 북한이주민의 일상생활이 어떠한지 자세히 살피고자 했습니다. 이를 통해 북한이주민에 관하여 고정되어 온 부정적 편견과 고정관념을 걷어내고, 그들을 새로운 관점으로 바라보는 태도를 갖게 하고자 했습니다. 이 총서는 북한 사회 성소수자에 관한 인식 제고의 전환점과 담론을 제공해 줄 것이라 기대합니다.

대한민국 국민이 북한이주민에게 쉽게 다가가고 그들을 이해할 수 있는 좋은 자료가 될 것입니다. 궁극적으로는 향후 남북한의 사회문화적 통합에 중요한 기초자료로 활용될 수 있을 것이라고 기대합니다.

프랑스 철학자 앙리 르페브르(Henri Lefebvre)는 일상생활을 인간의 전체성 관점에서 설명하였습니다. 자세히 보면 인간은 욕구의 차원, 노동의 차원, 놀이와 즐거움의 차원으로 존재가 파악되며 이 세 가지 요소가 유기적인 관계로 통합될 때에만 비로소 인간의 참된 모습이 현실화된다고 하였습니다. 즉 인간이 생존하기 위해서는 모든 물질적·신체적 욕구가 충족되어야 하고, 동시에 그의 욕구를 충족시키기 위하여 일하지 않으면 안 된다고 언급한 것입니다. 일상을 다루는 것은 결국 일상성을 생산하는 사회, 우리가 살고 있는 그 사회의 성격을 규정짓는 것이므로, 진지한 연구 대상이 되어야 마땅합니다. 일상이 매일 되풀이되고, 보잘것없어 보이고, 지루한 업무의 연속처럼 느껴지고, 익숙한 사람과 사물의 잦은 마주침으로 가득 차 보일지 몰라도, 중요한 사실은 일상이 바탕에 있어야만 사건이 일어난다는 것입니다.

이처럼 일상생활 연구는 사회 전체에 대한 평가와 개념화를 함축하므로, 일상성을 하나의 개념으로만이 아닌 '사회'를 알기 위한 바로미터가 되기에 중요합니다. 따라서 남북한 비교문화 총서에서 북한이주민의 일상생활 모습을 전방위적으로 깊이 탐색하는 것은 사회문화적 통합 영역뿐만 아니라 실천적으로도 긴요한 일이라 할 수 있겠습니다.

총서 시리즈물의 열일곱 번째인 '성소수자' 편은 가족학이라는 학문적 토대에 '북한'이라는 영역을 끌어들인 것입니다. '가족학'이라는 미시체계를 학문적 토대로 하면서도 그 영역을 확장하고자, 두 명의 연구자와 함께 작업을 했습니다. 우선 인문학자이자 통일, 북한이주민, 사회통합에 관심을 기울이는 서울시립대학교 자유융합대학 곽상인 교수님, 그리고 북한이주민이자 학문 탐구에 열망을 지니면서 사회 문제에 관심을 기울이고 있는 김지일 학생이 북한 사회의 성소수자 이슈에 주목하였습니다. '일상생활'이라는 익숙하고도 낯선 단어를 북한이주민들과 엮어볼 때 어떠한 방식으로 풀어낼지에 관한 고민과 숙의의 과정을 거쳤습니다. 따라서 그들의 일상 그대로를 생생한 언어로 구술하는 일이 보다 쉽게 독자들이 이 책의 내용을 이해할 수 있는 방안이라고 판단했습니다. 그 숙고의 여정 안에서, 연구자들은 '성소수자'라는 키워드를 중심으로 지식과 현장 활동 내용을 포함하여 집필하였습니다. 이 책에서 다룰 성과 사랑, 동성애, 성소수자와 관련한 내용은 몇몇 주인공들의 생생한 증언을 통해 전개될 것입니다. 아직 연구의 초기 단계에 머물고 있는 북한 사회의 성소수자와 관련한 내용을 살피는 것은 그들이 속한 사회의 한 단면, 예컨대 그들이 도외시했던 어두운 측면을 이해하고 해석하는 데 중요한 실마리를 제공할 것입니다. 나아가 남북인이 조화롭게 어울릴 수 있는 일상 문화를 찾아나가는 데 기초자료가 될 것이라고 확신합니다.

2025년 4월
전주람 · 곽상인 · 김지일

○ 목차

제1부

인간의 도리를
벗어난 짓
(평양 군인 출신, 30대 초반,
코로나 직전 입남)

○

인터뷰어: BBC Korea 한상미 기자(이하 '한')
주 인터뷰이: 임민규(가명, 이하 '임')
동석 인터뷰이: 전주람, 곽상인(이하 '람', '곽')
일시: 2024.06.24. 오후 2:00-4:20(약 2시간 20분)
장소: 서울시립대학교 내 카페

〈주 인터뷰이 소개〉

임민규는 북한의 MZ세대로서, 북한에서 엘리트 교육을 받았으며 제1고등중학교를 졸업한 후 군 복무를 시작했다. 복무 중 해외 파견을 나가며 북한의 교육 체계를 넘어선 새로운 시각을 접하게 되었다. 처음에는 성실히 북한 당국을 위해 일했지만, 계급과 계층에 따른 사회적 모순을 경험하면서 북한 사회에 희망이 없음을 깨달았다. 결국 그는 탈북을 결심했고, 현재 대한민국 국민으로서 새로운 삶을 개척하고 있다.

한국 사회에 정착한 그는 북한학을 중심으로 다양한 분야를 탐구하며 학문의 길을 걷고 있다. 특히 교수자로서의 꿈을 키우며, 북한과 한국을 연결하는 가교 역할을 하고자 노력 중이다.

한: 제가 기억 차원에서 녹음할 거고, 목소리가 들어갈 거예요. 하지만 어디에 쓰지는 않을 겁니다. 저 혼자 듣는 걸로 하고, 제가 지금 귀에 꽂는 것은 녹음이 잘 되는지 확인차 하는 겁니다.

임: 네. 좋습니다.

한: 질문 내용은 북한 내부에도 성소수자가 실제 있는지, 북한 주민들은 이걸 어떻게 받아들이고 어떻게 인식하는지입니다. 제가 듣기로 임민규 씨는 군

대 다녀오신 지 얼마 안 됐다고 하던데요. 10년 정도 되셨다고요. 『붉은 넥타이』(물망초, 2015)라는 책을 쓰신 장영진 선생님의 인터뷰 내용을 보고 북한 군대 내의 얘기가 궁금해졌습니다. 북한 군대 내에서는 남자들끼리 서로 껴안고 입 맞추고 하는 게 굉장히 흔하다고 하더라고요. 그게 성소수자 같은 문제로 보지 않더라고요. 그냥 여자가 없고 남자들끼리만 있다 보니까 한창 타오르는 김에 남자들끼리 장난삼아 뽀뽀하는 거라고 했거든요. 그게 이상한 일이 아니라는 식으로 인터뷰를 하셔서 좀 놀랐거든요. 그래서 임민규 씨의 경우에도 실제로 군 복무 중에 그런 일이 있었던 건지, 혹시 보셨거나 얘기를 들으신 게 있는지 궁금합니다. 그다음에 성소수자라는 단어 자체가 북한에는 없을 것 같기는 한데요. 왜냐하면 북한에서는 인권이라는 단어가 없다고 하니까요. 그래서 남자가 남자를 좋아하고 여자가 여자를 좋아하는 식의 사랑을 북한 사회 전반에서는 어떻게 받아들이는지도 궁금해요. 그렇다면 북한 당국에서는 이러한 관계를 당연히 '자유민주주의 체제의 쓰레기'라든가 '불순물'이라고 생각할 텐데요. 당국의 어떤 검열이나 감시 같은 게 있을까요? 당국에서는 이걸 어떻게 받아들일지 궁금합니다. 저는 전혀 성소수자 쪽에 대해서는 모르니까 임민규 씨 얘기를 들어보면서 궁금한 것이 있으면 질문을 할게요. 저는 한국에서도 성소수자에 대해 잘 모르지만, 북한의 경우도 이에 대해 아는 정보가 사실 없어서 좀 말씀을 들어볼게요. 들으면서 중간중간 궁금한 거 있으면 여쭤보도록 할게요. 그러면 간단하게 본인 소개 좀 해주시죠. 언제 어떻게 한국에 오셨고, 북한에 있을 때는 어떤 일을 하셨고, 군대에서 어느 정도 있었고요. 좀 간략하게 부탁드릴게요.

임: 저는 코로나 무렵에 한국 사회에 나왔습니다. 북한에서는 군 복무 10년 하고, 그 10년 마지막 달 전역하기 직전에 입남(入南) 했습니다. 그리고 평양에서 군 복무하면서 나름대로 엘리트 집단 속에서 엘리트 문화를 경험했습니다. 그러다 보니까 한국 사회에 와서 뭔가 새로운 느낌이라든가 이런 게 좀 덜했어요. 생소하다는 느낌이 좀 덜했던 케이스라고 소개할 수 있습니다. 그러니까 북한 사회에서 엘리트 집단에 있었고 그런 문화를 즐기다 보니, 한국 사회에 와서도 북한에 있을 때와 크게 다른 부분이 없었다는 것입

니다.

한: 임민규 씨가 아까 좋은 학교 나오셨다고 하셨는데, 그 학교에 대해 여쭤봐도 돼요?

임: 북한에서 좋은 학교라 함은 김일성종합대학 정도는 나와야 하는데 저는 북한에서는 고졸입니다. 저는 그냥 북한에서 1고등중학교라고 하는 수재학교를 졸업했습니다. 북한 내에 있는 고등학교들 중에서는 아주 좋은 곳이라고 할 수 있죠. 그게 고등학교 단계에서는 가장 영재 학교라고 칭하고 있는데 제가 거기서 학교에 다녔어요. 대학은 가고 싶었는데 추천을 받지 못해서 못 갔어요. 다시 추천받을 수 있는 두 번째 기회를 얻기 위해서 군에 나간 거죠. 그래서 군에 나갔다가 어떻게 하다 보니까 한국에 오게 됐습니다.

한: 제가 전 박사님께 듣기로는 해외에 계셨다고 하던데, 그럼 군대에서 어떻게 해외로 파견을 가신 거예요?

임: 제가 군 복무를 조금 특수한 부대에서 했습니다. 김정은 방침 받고 그 지시에 따라서 즉시 해외로 파견되었고 거기서 건설업을 하게 됐습니다. 저는 의사(군의관)라는 직무를 가지고 파견이 되었는데, 우선은 군인들을 치료하는 일이 목적이었습니다. 그리고 현장 노동을 동시에 했습니다. 근데 통역원이 비자가 안 나와서 못 따라 나오게 됐고, 우리끼리 진짜 영어도 잘 모르는데 할 수밖에 없는 처지에 놓인 겁니다. 그때 고졸인 군인들만 해외로 나가다 보니까 영어를 할 줄 아는 사람이 없었어요. 그나마 그중에서도 제가 영어를 조금 알아듣고 떠듬떠듬 말할 줄 알아서 제가 통역원으로 3개월 정도 활동했습니다. 그러고 나서는 통역원들이 다 배치된 다음에서야 500명 정도를 관할하는 현장기사로 일했고요. 그러던 와중에 승진하면서 무역대표부 부대표 겸 수행비서라는 명함을 가지고 일을 좀 했었습니다.

한: 그러면 군대 생활을 어느 정도 좀 레벨이 있는 직책에서 편하게 하신 거라고 볼 수 있나요?

임: 네. 맞습니다. 사실 군 복무를 말할 때 다들 어렵다고 하는데, 저는 어려운 걸 찾기가 어려운 레벨이었죠. 군으로 나간 순간부터 꿀보직이라고들 하는 직책을 맡아 일했고, 3~4년 있다가 300명의 군인 일과를 관할하는 대대 사

관장으로 임명되어 일했죠. 그 와중에 해외에 나간 것도 여러 번 있었고요. 돈이 없어서 대학에 못 가다 보니까 돈을 벌어서 대학 가고 싶은 마음이 컸죠. 그래서 군대에 나간 것도 있고요. 한편으로는 사관장 직책을 수행하면서부터는 하루 종일 하는 일 없이 노는 것보다는, 그리고 의무병으로서 허송세월하는 것보다는 더 큰 세계(세상)를 보는 것이 좋지 않을까 생각이 들어 해외 파견에 동참하게 되었습니다. 북한군의 사관장을 하다 보면 진짜 너무 편해서 하루 종일 할 게 없어요. 그냥 방에서 컴퓨터 게임만 하고 그랬거든요. 막 이러다 보니까 해외에 나가서 일을 좀 열심히 해야겠다는 생각이 들었죠. 저를 좀 단련시켜야겠다고 결심하게 됐어요. 그래서 해외에 나갔는데, 거기에서도 그렇게 힘들지는 않았어요. 통역만 하고 건설 현장 관리하고, 건설 도면 연구하고 그랬거든요. 파견 나간 군인 중에서 저 혼자만 도면을 볼 줄 아는 거예요. 그래서 계속 돌아다니면서 작업지시만 하고 그랬죠. 건설 시공 방법들을 가르쳐주면서 지냈습니다. 그래서 북한 사람들이 느낀 군 복무의 어려움을 저는 덜 느낀 경우죠.

한: 그렇군요. 말씀을 명확하게 잘 해주시네요.

람: 임민규 씨. 예전 인터뷰 때 군의관으로 수술한 것도 있잖아요. 그거 되게 흥미롭게 들었거든요. 한 번 더 자세하게 말씀해 줄 수 있나요?

임: 군의관 자격이 있었던 것은 아니고, 군에 나가자마자 위생병의 역할을 했어요. 한국에서는 위생병이라고 하는 거죠. 근데 제가 의무병으로 일하면서 열심히 의술을 배우고 치료를 성실히 하다 보니, "우리 대대는 군의관이 필요 없다."라고 해서 그냥 제가 군의관 역할까지 전부 하게 되었습니다. 그러니까 '군의' 밑에 '준의'가 있어요. 이게 '의사에 준하는 사람'이라는 것이고, 저는 '준의'의 직책으로 군인들 300명 정도를 치료했습니다. 해외에 나가서도 '준의' 역할을 했던 것은 북한 노동자들이 보험을 못 들기 때문입니다. 그렇기에 북한 노동자들은 순수 현금으로 다 치료를 해야 합니다. 그 대부분을 치료하다 보니 경험을 많이 쌓을 수 있었습니다. 가장 어려운 수술을 해본 것은 충수 수술[1]입니다. 이 수술을 해서 완쾌시킨 정도까지 해봤

---

1 '충수'란 맹장의 아래 끝에 늘어진 가는 맹관(盲管)을 말한다. 충양돌기라고도 하며, 길이

습니다.

한: 원래 이런 걸 배웠던 적이 있었어요?

임: 그냥 뭐, 고등학교 때는 어머니가 좀 아파서 그런 쪽으로 관심을 두고 있었어요. 그래서 공부를 좀 했었던 것 같고요. 군에 나가서는 아무래도 위생병이면 그런 걸 배울 수 있는 기회가 많이 주어지고 하니까요. 또 고등학교 때 공부했던 경험이 있다 보니 이해가 쉬웠죠. 그리고 6개월 동안 의학 공부를 시켜주는데, 저는 한 3년 동안 계속 그 의학에 관해서 공부를 배운 거죠. 부대 내에 장군 계급의 소장님이 있었는데, 그 전담 의사 선생님을 따라다니면서 의학을 배운 거죠. 여기서는 '한방, 한의학'이라고 하는데, 북한에서는 '고려의학'이라고 하거든요. 그 고려의학을 통해서 침술도 많이 배웠습니다. 그리고 이제 군대니까 외상 환자가 많았어요. 그래서 그 외과 수술을 엄청 많이 하다 보니 치료 방법을 배웠습니다. 그냥 큰 수술만 아니면 1차 단계는 다 제가 할 수 있을 정도였어요. 그래서 제가 해외 나갈 때도 의사라는 직급으로 내보내졌어요.

한: 해외에 파견됐다고 하지만, 사실 노동자가 아니라 통역사이고, 사이트 매니저이고, 의사이고, 건설 현장 간부였고요. 서너 가지를 다 경험하셨네요. 여러 가지 능력을 갖춘 그야말로 능력자시네요. 그런데 궁금한 게 있어요. 파견된 그 해외 R 지역에는 북한 노동자가 몇 명 정도 있나요?

임: 제가 있을 때만 해도 그 R 지역에 전체로 보면 2만 명 정도 됐을 겁니다.

한: 와! 2만 명이요? 엄청 많네요.

임: 군인 건설 노동자도 있고, 민간인 건설 노동자도 있고요. 그리고 여성분들, 식당 종업원도 있고, 미싱 일 하는 여성분들도 있었어요.

한: 그러니까 R 지역에 나가서 건설 노동자들을 관리하는 역할도 하시고 통역도 하시고 관리직도 하셨네요.

는 6~7cm, 굵기는 0.5~1cm 정도다. 맹장에 붙는 위치나 길이는 개인차가 크다. 통상적으로 '맹장염'이라고도 하는데, 이는 사실 '충수염'의 잘못된 표현이다.

임: 네. 맞습니다. 그러니까 그 역할 모두를 가지고 나간 건 아니었어요. 말씀
드렸다시피 처음에는 의사 역할을 가지고 나갔는데, 나가서 일하다 보니까
다른 군인들이 그 분야를 잘 모르는 거예요. 누구나 다 생소했으니까 이해
는 가요. 해외에서의 일은 누구나 처음 접하는 거잖아요. 그런데 그중에서
도 제가 빨리 적응한 사람이라서 제일 높은 자리까지 올라갔던 거고요. 제
가 북한에서는 그래도 나름 유명하다는 1고등중학교 출신이라서 영어도 조
금 할 줄 알았거든요. 그래서 영어로 된 건설 도면도 읽을 수 있다 보니까
이래저래 할 수 있었던 것 같습니다. 해외 나가면 다 영어로 되어 있으니까
요. 그러다 보니까 남들보다 건설 도면을 익히는 속도도 조금 빨랐던 것 같
습니다.

한: 해외에 나가는 건설 노동자에 대해서도 진짜 여쭤볼 게 많은데요. 왜냐하
면 그게 진짜 되게 핫(hot)한 그거잖아요. 근데 오늘의 주제는 '노동자'가
아니니까 넘어가고요. 그럼 군대에서 한 10년을 보내신 건데, 그러면 임민
규 씨는 우리가 일반적으로 알고 있는 북한 내에 있는 군대가 아니라 해외
에 오래 계신 거네요.

임: 저는 북한에서 7년, 해외에서 3년 반~4년 정도 있었어요.

한: 그럼 북한 군대는 어느 쪽에 계셨나요?

임: 평양에요.

한: 평양에서 군 복무를 하면 평양을 지키는 수도방위사령부 같은 역할을 하는
건가요?

임: 평양에 그런 수도방위만 있는 게 아니라 북한의 핵심 군부대들의 본사는
다 평양에 있어요. 그리고 지역별로, 진짜 어떤 지역 방위를 하는 군단들은
지역마다 다 배치돼 있지만, 저 같은 경우는 조금 특수한 부대라고 했잖아
요. 그러니까 북한의 경제를 책임지는 것은 민간보다는 군이 다 맡아서 해
요. 북한은 모든 것이 다 군에 집결돼 있어요. 저는 그중에서도 외화벌이를
기본으로 하는 부대였어요. 북한 내에서는 정말 돈이 되는 건 다 가지고 있
는 부대예요. 그러니까 조선(배)도 가지고 있고, 탄광, 금광, 은행 다 가지

고 있어요. 정말 대외적으로는 A 그룹이라는 거거든요. 그게 대외명칭이고 북한 내에서는 군부대 명칭이 있어요. 어쨌든 회사 같은 것인데, 북한에서 가장 큰 단위의 무역 회사였죠.

한: 무역 회사인데 군대라는 건가요?

임: 네. 군대인데 회사이기도 해요.

한: 그러면 그 부대는 부대 크기로 보면 어느 정도인가요? 소대? 중대? 대대?

임: 그냥 한 개의 군부대니까 그냥 군단급이라고 해야 할까요? 또는 사단급? 한 2~3천 명 정도 돼요.

한: 그러면 7년 동안 어쨌든 집에도 못 가고 군대에서만 생활하는 거잖아요. 영내 생활을 하셨을 거 아니에요. 그때 혹시 그런 얘기를 들어보신 적 있어요? 남자가 남자를 좋아한다는 얘기요.

임: 북한 내에서는 사실 남자가 남자를 좋아한다고 농담 삼아 얘기를 하기는 하죠. 그런데 물론 농담 삼아 하는 것이지, 동성애를 느끼는 식의 감정은 아니에요. 뭐랄까. 그것이 명확하게 구분된 것도 아니고요. 그냥 그건 농담 식으로 하는 거라서 누구도 그에 대해 이상한 감정을 가지지는 않았어요. 실질적으로 남자가 남자를 껴안고, 상대를 여자처럼 대하듯 하는 경우가 있다고 해도 그냥 농담이라고 생각해요. 그런 건 전혀 상상 밖의 일이라고 생각해요. 게이나 LGBT 같은 느낌의 개념이나 상식적인 게 전혀 없어요. 그런 감정을 느끼는 것도 없어요.

한: 그런데 사실 농담식으로라도 남자끼리는 서로 껴안지는 않잖아요. 여자애들이야 평소에도 팔짱 끼고 다니니까 이상하게 보지는 않죠. 제가 고등학교 때는 막 팔짱 끼고 다니고 화장실도 같이 가고 그랬잖아요. 근데 남자애들은 그렇지 않잖아요. 장난이라도 서로 부둥켜안는 것은 좀 이상하지 않아요?

임: 네. 북한에서는 아무도 그런 걸 이상하게 생각하지 않아요. 제가 고등학교 때 경험을 생각해 봐도 친한 친구들끼리 손잡고 다니고 남자들끼리 다 그래요. 근데 제가 '이거 좀 이상하다'는 거를 해외 R 지역에 나가서 알게 되

었어요.

한: 남자들끼리, 아니 한국에서는 남자들끼리 (손) 안 잡고 다니잖아요.

곽: 그렇죠. 우리는 어깨동무하죠. 그게 남한 남자들 사이에서는 친근함의 표현이자 우정이라고 할 수 있겠죠. 어쩌다 손을 잡을 수는 있겠으나, 그 맞잡은 상태로 길거리를 걸어 다니면 주변인들이 이상하게 보겠죠.

임: 어깨동무하든 손을 잡든 북한에서는 괜찮다고 봐요.

한: 남자끼리 손을 잡는 건 좀 이상해요. (웃음)

임: 그러니까 어떤 느낌이냐면 이런 거겠죠. 친한 친구끼리 손잡고 뛰어가든 같이 가든, 그런 걸 이상하게 생각하지 않아요. '남자들끼리 친하니까 손잡고 간다는 건데, 왜 이상하게 생각하지?' 이런 느낌인 거죠. 그런데 해외에 나가 보니, 통역원 친구가 그러더라고요. 해외에서 거의 20년 산 친구라서 이미 그런 걸 잘 아는데, 여기서 남자들끼리 손잡고 가는 거 보더니 "쟤네 게이야."라고 해서 "그걸 어떻게 아나? 친하면 남자끼리도 손잡고 가지 않냐? 우리도 친하면 손잡잖니?" 그랬더니 "북한은 그런데, 해외에서는 남자끼리 손잡으면 반드시 게이다."라고 하더라고요.

곽: 그렇군요. 북한의 문화상은 다르네요. 그러니까 한국이나 북한이나 성인이 돼서 동성끼리 손잡고 다니는 사람은 별로 없겠죠. 그런데 북한의 경우에는 손잡고 다닌다고 해서 이상하게 생각하는 사람이 없다는 게 저는 더 이상한 것 같아요. 그게 핵심이겠죠.

한: 한국에서 여자들끼리 손잡는 것처럼, 북한도 문화가 그런 걸까요?

임: 그냥 친하면 스킨십을 할 수 있죠. 그러니까 이게 이상한 느낌이 아니라 친하면 손잡고 같이 다닐 수 있다는 거죠.

람: 그럼 여자와 남자 이성끼리도 가능한가요?

임: 남자하고 여자처럼 이성 관계는 연인이 돼야만 그런 거고요. 남자 친구끼리는 제가 다녔던 고등학교 때만 보더라도 성인이니까 손잡거나 이러지는 않아요. 그럼에도 불구하고 "우리가 손잡고 간다."라고 할 때 주변에서 느

끼는 "쟤네 이상한 애야."라는 것은 없다는 거죠.

곽: 손잡는 것은 그냥 친근함의 표현이자 우정의 제스처 정도로 이해하면 되겠네요.

람: 나이로 치면 언제까지 가능한 걸까요?

임: 이게 고등학교 때까지도 그래요.

람: 고등학교 때까지 손잡는다고요?

임: 어른이 돼서도 술 마시고 손잡고 친한 사람들끼리 막 흔들며 가고 하잖아요. 그게 한국 사회나 전 세계적인 사회에서 바라보면 상상이 안 될 수도 있지만, 어쩌면 그것은 이상한 편견이 있어서 그러겠죠.

곽: 저는 충분히 이해돼요. 저도 군대에 갔다 왔잖아요. 한국 군대에서도 동성에게 성적인 피해를 당한 경우가 종종 있다고 합니다. 그런데 제가 30개월 근무하는 동안, 그렇더라는 소문만 들었지, 실제로 우리 소대 안에서는 그런 일이 없었어요. 내무반 생활을 했는데, 제 기억에 15명 정도가 양쪽으로 나뉜 침상에서 지냈거든요. 그런데 다행히도 저는 제대할 때까지 그런 경험이 없었어요.

임: 북한군의 경우는 120명이 같이 사는데, 그 120명이 다 옷을 벗고, 다 나란히 누워서 그냥 살을 비비면서 자고 그러거든요. 근데 만기 전역하게 될 친구들이 그럴 때가 있어요. 신병이 들어오면 그 친구를 막 잡고 비비고 이런 느낌이 있거든요. 근데 그거는 두 사람의 정체성이 이상해서가 아니라 진짜 아까 말씀드린 대로 너무 이성이 없는 곳에서 10년 동안 버티다 보니까 그냥 장난식으로 욕망을 표출하는 정도지, 그 이상은 아니라고 봐요. 그 사람이 남자를 좋아해서 그렇게 성추행을 하듯 하는 것은 아닌 거거든요. 그러니까 전혀 이상하지 않은 거로 생각하는 게 북한의 현실이에요.

람: 아니, 그 표출한다는 게 어디까지 허용이 되는 걸까요? 그러니까 그게 이상하지 않다는 게 너무 이상하지 않아요?

임: 그러니까 우리가 생각하는 게이들, 혹은 이성 간에 하는 행동까지는 안 가

는 거죠. 그냥 부여잡고 그런 정도예요. 이게 어떤 거냐면, 똑같은 친구나 똑같은 레벨끼리는 죽어도 그게 안 돼요. 같은 계급의 친구가 그랬다가는 "미쳤냐?" 이렇게 되는 거죠. 병장 같은 느낌의 진짜 나이 든 사람들이 어린 친구들이 군에 들어오면 장난삼아서 하는 거죠. 신병이 들어오면 귀엽잖아요. 그러한 갭 차이에서 그런 행동이 나타나는 거죠.

곽: 그런데 저도 병장을 경험했잖아요. 그때 신병이 들어와도 저는 아무렇지도 않더라고요. 괜히 그런 장난을 치고 싶은 생각도 없었고요. 저 말고 다른 장병들도 그랬고요. 장난이야 치지만, 성적 수치감이 들게 하는 경우는 제 기억에 없었어요. 그런데도 저는 임민규 씨가 말하는 내용이 다 이해됩니다. 사람마다 그러한 행동을 이해하고 느끼는 방식은 다르니까요. 그러니까 북한의 경우 일상생활에서의 장난스러운 성적(?) 스킨십은 자연스럽게 여기는데, 딥-키스를 한다든가 성추행까지는 안 된다는 거잖아요. 이성 간의 관계에서 발생할 수 있는 행동이 동성 간에 행해지는 것은 문제가 되겠죠. 동성 간에는 어깨동무하는 것 정도가 자연스러운 거겠죠.

임: 그러니까 또 어떤 일이 벌어지냐면, 여자가 없는 군부대다 보니까 그래요. 예를 들어서 어린 친구가 조금 예쁘장하게 생겼으면 그런 애들에게 쓰는 표현이 있어요. 북한에서는 남성이 아닌 여성에게 쓰는 언어들이 있어요. 그냥 그 어린 친구를 약간 여자처럼 프레임을 씌우는 거예요. 그래서 그런 식으로 그냥 '예쁘다, 귀엽다' 하는 식이죠. 어린 친구니까 뭔가 사랑스럽고 동생 같다는 것을 표현하는 방식이기는 해요. 북한에서 느끼기에는 그냥 그런 행동이 다 군 복무가 기니까 농담 삼아 하는 것으로 이해해요. 동성 간에 어떻게 한번 해보겠다는 느낌은 없어요. '쟤가 이상해서 남자를 좋아하고 쟤를 어떻게 하려고 하는구나.'라는 느낌이 전혀 아니라는 얘기입니다. 그러니까 한국에서의 시선으로 지금 북한을 바라보잖아요. 근데 그러면 절대 이해가 안 돼요. 북한은 북한만의 시각으로 북한을 해석해야 이해가 빠르거든요. 북한에는 LGBT 같은 그런 느낌이 전혀 없고, 상식선에서 어긋나는 것도 없고요. 그래서 우리가 아무리 이상한 행동을 북한에 가서 했다고 하더라도 그곳 사람들은 이상한 행동이라고 생각하지 않을 겁니다. '그냥 쟤는 농담 삼아 그러는 거야.'라고 생각하면서 모든 걸 다 농담으로 넘기겠죠.

람: 그럼, 나이가 어린 병사는 어떤 느낌을 갖게 되는 걸까요?

임: 엄청 불쾌한 느낌을 받죠.

람: 불쾌한 느낌을 갖기는 하는 거네요.

임: 불쾌한 느낌을 갖지만 엄청 권력과 계급의 갭이 크니까 찍소리 못 하고 그 냥 당해 주는 거예요.

한: 네. 그러니까 어쨌든 예쁘게 생긴 신병이 한 명 들어오면 걔를 여자처럼 만 드는 프레임을 씌워서 결국에는 약간 이상하게 대하기는 하는 거군요?

임: 네. 약간 성희롱 같은 느낌이죠. 그리고 실질적으로 성희롱이기도 해요. 남 한의 관점에서 보자면요. 그럼에도 불구하고 그렇게 하는 사람이 진짜 성 소수자이지는 않아요. 부대원이 120명이라고 하면 그중에 고작해 봤자 1~3명 정도가 그런 장난을 치는 거죠. 그 사람들은 전역할 때가 다 됐고, 부대 내에서도 충분한 경력을 쌓은 경우라서, 그 누구도 그 사람이 하는 행 동에 대해 지적을 못 하니까 발생하는 상황인 겁니다.

한: 그러니까 그 남자가 진짜로 동성인 남자를 좋아하고 남자를 원해서 하는 행동이 아니라, 그냥 군대 내에서 오랫동안 남자들끼리 있다 보니까 그렇 게 하는 거라는 말씀이죠? 여자가 없으니까 그냥 어린 신병 한 명을 잡아서 약간 장난치고 하는 거라는 거죠? 그러면 제대를 하고 다시 사회에 나가면 그냥 여자를 좋아하겠네요?

임: 당연한 거죠. 근데 여자랑 결혼했다가 전혀 사랑하고 아껴주고 싶은 감정 이 없을 수도 있잖아요. 그러면 실제로 이혼도 합니다. 아주 가끔 이혼이 있 기는 합니다. 실제로 북한에서는 남자나 여자나 성인이 되면 당연히 결혼 해야 되는 줄 알고 있어요. 그런데 이혼했다고 해서, 서로 좋아하는 감정이 없다고 해서 북한 내에서는 그 사람한테 게이라고 하지 않아요. 다만 '쟤가 병이 있어서 그래. 고자라서 그래.'라고 말하기는 해요. 우리가 생각하기에 성소수자라는 건, 북한에서는 아직 몰라요. 아무리 한국 드라마를 많이 본 다고 해도 그런 것을 전혀 모르는 거죠.

한: 그러면 남자가 남자를 좋아하고 여자가 여자를 좋아하는 사람을 부르는 호

칭이 북한에는 없는 거예요?

임: 당연하죠. 그냥 그 사람이 이상하다 싶으면 "너 중성이냐? 이성에 대한 감정이 없냐?"라고 묻는 거죠. 어떤 느낌이냐면 남자인데 연애도 안 하고 있으면 답답해 보이잖아요. 그렇다고 "너 게이냐? 너 레즈냐?" 이런 말 하는 건 없어요. 그런 단어 자체가 북한에는 없어요.

한: 단어 자체가 없으니까 인식도 없겠군요.

임: 네. 인식도 없어요. 그냥 '중성이다'라고 했을 때는 그냥 농담이라고 보면 됩니다. 거의 99%가 농담입니다.

한: 네. 그러면 만약에 실제로 북한 내에서 남자를 좋아하는 남자가 있다면 어떨까요? 그 남자가 군대에서 신병이 들어왔을 때 예쁘다고 하면서 옆에 가서 몸을 비비고 밀착하고 뽀뽀하고 그래도 그걸 이상하게 생각하지 않는다고 하셨잖아요. 그런데 실제로 그 사람이 자기가 남자를 좋아한다는 걸 알게 됐다면 그런 경우는 어떨지 궁금하네요. 북한 사회가 그런 것에 다 익스큐즈가 되는 분위기인 것 같은데, 나중에 그 남자가 결혼해서 실제로 살아보니까 자신이 여자보다 남자를 좋아하는 걸 인식하게 되면, 그럴 경우에도 허용이 되는 건가요?

임: 이게 보편적인 건 아니겠지만 제 경험을 바탕으로 말씀드리면 이렇습니다. 남자들끼리 키스하는 경우는 전혀 없고, 뽀뽀하는 경우도 없고요. 굳이 있다면 몸을 비비거나 중요 부위를 비비는 정도까지만요.

곽: 그게 장난의 한 형태라는 거잖아요.

임: 네. 장난 형태이고, 절대 동성애 같은 감정을 가지고 그런 건 아니라는 거죠.

곽: 제가 고등학교 다닐 때에는 친구들이 장난삼아, 그런 정도의 스킨십은 했었죠. 스킨십이라고 하기에는 그렇지만, 장난삼아 몸을 터치하거나 간질이는 정도라고 해야 할까요. 고등학교에서도 군대에서도 친한 강도에 따라서 그런 터치는 충분히 가능했던 것 같아요. 그것이 서로 즐거움이나 놀이, 또는 유쾌한 장난으로 끝나면 괜찮은데, 이상하고 불편한 느낌이 들거나, 상대방이 야릇한 눈빛으로 쳐다보면 이상하겠죠. 그런데 실제로 상대방이 이

성을 대하는 듯한 태도로 저를 바라보거나 하면 금방 느껴지지 않을까요. 그런 경험이 없어서 잘 모르겠지만요. 만약 저에게 그런 일이 발생하면 저는 그 동성 친구를 너무 불편하게 생각하고 아마 절교하지 않을까 싶네요.

임: 사실은 집단 생활하는 남자들 사이에서는 앞에서 말한 것들이 장난기로 행해지는 경우가 많아요. 근데 만약에 제가 실제로 정체성이 동성애 기질을 타고났다고 하더라도 저는 그런 마음 자체를 스스로 거부할 것 같아요. 그러니까 '나 왜 이러지? 내가 좀 약간 이상한데? 그러면 안 되는데? 야, 이러다 안 되겠다.' 이런 생각이 들면 저는 차단해요. 그런 상태로 결혼까지 갔다가는 이혼당하기 쉽죠. '내게 병이 있구나.'라고 생각할 거예요. 그러면 여성들이 이혼하자고 하겠다. 남자가 이혼을 요구하는 게 아니라 여자가 이혼을 요구하는 거죠. 성생활을 똑바로 못 하고 하니까 이혼하자고 하겠죠. 그래서 이혼당한 다음에는 자기가 게이거나 하는 느낌을 받는 게 아니라, '병이 있구나.'라고 생각할 겁니다. '병자'라고 생각하지, 자신이 남자를 좋아하는 것을 느끼지는 못할 거예요. 북한 사회에서는 동성애에 대한 개념, 게이라는 것을 잘 모르는 것 같아요.

한: 북한 사회의 전반적인 분위기가 이런 동성애나 성소수자에 대한 인식도 없고 단어로 규정하는 것도 없다고 했잖아요. 그러면 그냥 '내가 조금 이상하구나.'라는 식으로만 받아들여진다면 그 사람들은 누구와 상의할지 궁금하네요. 당국 차원에서도 볼 때 분명히 그런 사람이 있을 것을 알지 않을까요? 성소수자가 북한에도 분명히 있기는 할 거잖아요. 아까 탈북작가이신 장영진 님도 그렇게 말씀하셨고요. 분명히 존재할 텐데 사람들이 정신병이라고 하니까 그냥 조용히 있는 거 아닐까요? 북한 보위부까지는 안 가더라도 그런 사람들을 관리하거나 검열하는 시스템은 전혀 없어요?

임: 네. 그 자체가 없어요. 그리고 북한에서는 당국 자체에서도 '그건 있을 수 없는 일'이라고 생각해요. 그리고 북한 사람들 인식 자체도 그래요. 아마 동성애나 성소수자 문제가 사회적 이슈가 됐거나 했으면 벌써 당국에서 방침이 내려왔거나 지시 전달 사항이 떨어졌겠죠. 그리고 만약 그러면 이미 군 내부에서도 그런 문제를 단속하라고 했을 거고요. 근데 그런 게 전혀 없었

어요. 그리고 『붉은 넥타이』를 쓰신 작가도 한국에 와서야 자기의 정체성을 알았잖아요. 북한 내에서는 전혀 느낄 수가 없는 거였으니까요. 그러니까 이런 부분이 반드시 존재하는 건 사실이겠지만 그 존재를 인식하는 북한 사람들은 진짜 거의 없을 거라고 봐요. 100%라고 말하기는 좀 어려울 것 같긴 해요. 근데 거의 없다고 봐야죠. 그냥 이상함을 감지하고 '내가 뭔가 잘못된 것 같다.'라는 정도죠. 근데 간혹 여자가 여자끼리 좋아하고 남자가 남자끼리 좋아하는 케이스는 있어요.

한: 그런 관계를 혹시 들어본 적 있으세요?

임: 그러니까 자기네끼리 그렇고 그렇더라는 말을 들었을 때 북한 사람들의 반응은 '얼마나 인기가 없었으면, 얼마나 남자가 없었으면 자기네끼리 그랬겠냐.' 하고 말아요. 남자들도 마찬가지로, '얼마나 인기가 없었으면, 얼마나 여자가 없었으면 자기네끼리 개지랄을 했겠냐.'고 그래요. 이런 정도의 표현을 해주는 거지, 성 정체성을 의심하는 경우는 드물어요. 인식이 없어서 그렇겠죠.

곽: 저도 사실 비슷한 질문을 하려고 했는데, 어쨌든 북한 사회가 좀 안타까운 게 이런 거잖아요. 우리는 스스로 정체성에 문제가 있다고 생각하면 정신과에 가서 카운슬링을 하잖아요. 북한 체제에서는 이런 카운슬링을 할 수 있는 기관이라든가 제도라든가 시스템 자체가 아예 없는 상태라는 거죠. 그러니까 무슨 문제가 발생하면 자기가 잘못됐다고 생각하니까 안타까운 겁니다. 이것은 아마도 '생활총화' 때 자아비판 또는 상호비판을 하던 관습에서 비롯된 것이 아닌가 싶기도 해요. 그러다 보니 자기 검열을 더 하게 되는 것이죠.

임: 맞아요. 북한에도 정신과는 있는데 그런 것들 자체를 정신과 의사들이 배제해요. 그리고 그런 것은 절대 있을 수 없는 일이라고 단정을 지어요. 그러니까 뭔가 잘못되더라도 '좀 노력하세요.'라고 하지, 절대 성 정체성이 이렇다는 둥 저렇다는 둥의 말을 하지도 않아요. 그런 걸 상담했다는 말도 듣지 못했습니다.

곽: 그게 궁금했어요.

람: 동성끼리 사랑하다 발각되면 구류장 가는 거잖아요. 만약에 여자끼리 사랑 했다가 인민반장한테 들켰다 이러면 다 감옥 끌려가는 거잖아요. '생활총화' 하고요.

임: '생활총화' 정도가 아니라 아예 돌 맞아 죽는 거죠. 사상 비판이라는 것이 어떤 본보기를 세우는 거잖아요. 만약에 동성애를 하다가 걸리면 "이놈들 이 진짜 인간으로서 하지 못할 짓을 했다. 그러니까 얘네는 인간이 아니 다." 정도로 하는 거죠.

곽: 그냥 바로 직결 심판을 하는 거네요. 변론이나 반론의 여지가 없이 그냥 처 벌하는 거네요. 하긴 다양성을 인정하지 않는 사회니까 그럴 수 있죠. 사람 의 심리나 상태도 획일화되었다고 생각하는 곳이니까요. 참 불편한 현실이 네요. 세계적으로 동성혼이 이루어지는 나라도 있고, 우리나라에서도 성소 수자들이 시도는 하고 있으나 현실적으로는 불가능하다고 봐야겠죠.

한: 이씨 조선왕조를 생각하면 유교 사회에서 그런 동성애나 성소수자 문제는 사실 상상 못 할 일이니까요. 그런데 북한에 그런 인식이 없다는 현실 자체 가 재밌기는 하네요. 다만 군대 내에서의 부적절한 행위는 약간씩 허용되 고 있다는 거네요? 이상하게 생각하지 않고 자연스럽게?

임: 허용이 된다고까지 할 수 있을까요? (웃음)

한: 저는 오히려 뽀뽀하는 것보다 그렇게 몸을 비비는 게 더 이상할 것 같아요.

임: 그런 행위는 부조리에 속하는 거잖아요. 선임이 후임을 괴롭히는 느낌이잖 아요. 그러니까 그거는 군 내에서 위계질서에 따른 것이기는 하지만, 그렇 다고 허용됐다는 표현은 아닌 겁니다.

람: 그럼 여자 군인 사이에도 그런 거 들어본 적 있어요?

임: 여자 군인들도 남자들이랑 다를 바 없다고 들었어요.

람: 그래요? 여자들끼리도?

한: 군부대에서 남자 여자가 연애할 수는 있어요?

임: 아뇨. 군대에서는 연애 금지입니다. 특히 혼성부대들은 연애가 있긴 한데

모두 불법입니다. 연애하다 걸리면 모든 게 힘들어져요. 그럼에도 불구하고 다 사회 시스템은 어쩔 수 없으니까 서로 몰래 연애하고 그러는 거죠. 혼성부대는 반드시 사고가 있어요. 사고가 없는 부대는 거의 없다고 알고 있습니다.

한: 하긴 원래 남자와 여자가 만나면 역사가 이루어진다고 하잖아요. 이 부분에서만큼은 북한도 어쩔 수 없을 것 같긴 해요.

임: 근데 여성이나 남성이나 똑같아요. 이런 연애 부분에 있어서는요.

한: 남자끼리도 저는 당연히 동성애가 있다고 봐요. 그렇더라도 남자끼리 서로 껴안고 입 맞춘다고 하면, 그걸 좀 약간 이상한 시선으로 바라볼 것 같기는 해요. 그런데 북한에서는 그런 상태를 자연스럽게 바라본다는 것, 그리고 그 행위가 이상한 거라는 인식을 하지 못한다는 것이 진짜 새롭기는 했어요. 북한에서는 변태라는 말도 없고, 그냥 '끼가 있다' 정도로 쓰잖아요. 남한에서는 '끼가 있다'라고 하면 '어떤 재능이 있다'라는 느낌이 강하거든요. 그런데 북한에서는 이 표현이 '바람 피운다'는 느낌으로 쓰이죠. '바람쟁이다'라고 하는 것도 '끼가 있다'라고 말하는 거거든요. "쟤 끼 있게 생겼어." 라고 하면 '바람 많이 피우게 생겼어.' 이런 느낌으로 말하는 거잖아요. 그리고 북한에서는 동성애적인 행동에 대해서 엄청 예민하거든요. 이성 간에 연애를 하는, 그러니까 일반적이고 보통인 남성과 여성 사이에도 성행위를 문란하게 하거나 과격하게 해도 잘못이라고 하더라고요.

람: 하긴 북한에서는 야동(야한 동영상)을 보면 끌려간다고 들었어요.

임: 야동은 당연히 안 되는 거고요. 그거는 적발되면 그냥 감방행이죠. 근데 여성과 여성이 동성애를 했다고 하면 진짜 이상한 성행위라고 봐요. 그런 성행위에 대해서는 완전히 거부하죠. '이상한 성행위를 했다'는 것은 불법을 저질렀다기보다 이상한 성행위를 해서 사회에 진짜 '불건전한 걸 보였다' 는 죄명으로 감옥에 보내죠. 어떤 정체성 때문에 두 사람이 그렇다고 판단하지는 않아요.

한: 그러니까 말이 안 되는 짓이라고 생각한다는 거죠.

임: 네. 맞습니다. 만약 그런 걸 아는 사람들이 있다 그러면 분명 한국 콘텐츠나 어떤 외국에 있는 영상물을 시청하고 한 거라고 판단하겠죠.

한: 그러면 임민규 씨가 해외에 가셨을 때, 동성끼리 손잡고 다니는 게 이상하다는 걸 아셨을 거잖아요. 3년 계셨으면, 또 많은 노동자를 관리하셨을 텐데, 혹시 거기서 약간 동성애나 성소수자 같은 경험을 보시거나 들으신 적 있으세요?

임: 그런 게 전혀 없었어요. 외국에서는 전혀 없었어요. 그럴 수밖에 없는 이유가 외국에서 북한 사람은 거의 하루에 3시간씩 자면서 일하거든요. 그래서 그럴 여유(?)를 즐길 만한 시간이 없었어요. 엄청 과도하게 지쳐 있기 때문에, 그리고 해외에 나가면 북한처럼 무더기 침실에서 자는 게 아니라 개별 침대를 다 줘서 개별적으로 자기 때문에 별로 그런 게 없었죠. 근데 남자들끼리 한 침대에서 같이 잔다고 해도, 북한에서는 평범한 일상이라서 서로 발을 올려놓고, 팔을 올려놓고 자고 그래요. 그래서 그런 거를 이상하게 생각하지 않아요.

한: 보통 여자들끼리는 같이 한 침대에서 자는데 남자들끼리는 그거를 되게 싫어하던데요. 북한에서는 아닌가요?

곽: 북한이 그렇다면 남한은 좀 다른 것 같아요. 물론 제 경험에 비추어보자면 그렇다는 얘기입니다. 당연히 남자들끼리 서로 팔과 다리를 얹고 자는 것을 좋아하지 않죠. 저는 당연히 거부감을 지닌 것이고요. 한방에서 같이 자는 것 정도는 괜찮죠. 만약에 침대가 더블이라면 같이 누워 있더라도 최대한 간격을 벌려서 접촉을 안 하려고 하죠.

임: 이불을 따로 쓰려고 하고. (웃음)

곽: 가급적 그렇죠. 제 입장에서는 한 이불에 같은 침대라면, 좀 이상하지 않아요? 따로따로. (웃음)

임: 근데 북한 군대는 좀 달라요. 군대에서는 어쩔 수 없이 내 몸을 모두가 공유하는 상태이고, 어려운 순간에는 피도 주고 살도 줘야 하잖아요. 그런 사이라서 내가 진짜 친하고 내 좋은 동료라고 생각하면 별로 거부 반응을 일으

키거나 불편함을 느낄 필요는 없죠. 근데 민간에 나가서는 각자 자기 집이 있고 가정이 있다면 그럴 필요까지는 없겠죠. 그때 남자끼리 또는 여자끼리 그렇다고 한다면 그거야말로 진짜 이상한 거겠죠. 근데 군대 내에서는 그런 게 좀 허용되는 범위가 있어요.

한: 그러니까 북한 주민들의 어떤 인식 자체는 남자가 남자를 좋아하고 여자가 여자를 좋아하면 그냥 나쁜 짓이라고 봐야 되겠네요. 불건전한 것?

임: 나쁜 짓이 아니라, 그냥 쓰레기들이 하는 짓 정도로 생각하는 거죠.

한: 그러니까 동성애나 성소수자의 입장은 아예 허용되지 않는 건가요?

곽: 극단의 표현을 쓰자면 동성애는 주체사상을 모독하는 행위 같은 거겠죠. 불건전과 건전에 대한 차원이니까. 사상으로나 윤리적으로나 체계적으로나 옳지 않다는 얘기겠죠.

임: 네. 특히 윤리를 따지는 거죠. 그러니까 남자 대 남자, 여자 대 여자로서 '쟤네들은 이상한 사람들이라서 저걸 하는 거야'가 아니라, '저것들은 인간이 아니라서 저렇게 하는 거야. 인간으로서 하지 말아야 할 행위를 한 거야.'라는 죄명을 씌우는 거죠. 다시 말해 '쟤네 스스로가 정체성 이상으로 인해 저렇게 좋아하는 거야'가 아니라, '사회주의 체제 내에서 불건전하고 비사회주의적인 행동을 한 것이고, 저건 완전 자본주의 날라리풍을 닮은 프레임'이라는 거죠. 그러니까 우리가 생각하는 죄명과 북한이 씌운 죄명은 좀 달라요.

곽: 오케이. 그러니까 비윤리적이거나 불건전이라는 평이 더 맞다는 거네요.

한: 저도 곽 교수님께서 윤리적이라는 말씀을 하시니까, 그게 확 다가왔어요.

임: 인간으로서 지켜야 할 본연의 어떤 예가 있는데, 그것을 벗어난 행위라는 거죠. 북한 사회에서는 어떤 행위가 잘못됐다고 할 때, 나 자신을 순수하게 받아들이고 잘못된 것에 대한 개선점을 찾기보다는 나 자신을 엄청 비판하고 '내가 잘못한 거야.'라는 걸 계속 강조하게 만들어요. 자신 속에서 잘못을 찾고 반성하는 데 초점을 맞추거든요. 개선할 여지를 안 줘요. 그러다 보니까 '내가 남자를 엄청 좋아하는 것 같아. 그래도 이건 내가 진짜 정신이

나가서, 삐딱해서 미쳐서 그러는 거야. 이거 내가 이거 진짜 이러면 안 되는 거야. 이럴 수 없는 행위야.'라고만 생각하게 하죠. 자기반성을 계속하고 스스로를 깎아내리면서 자기를 개조하려고 해요. '성 정체성이 이상한가?'라는 생각을 전혀 안 하죠. 저 같은 경우에도 북한에서 오래 산 경험이 있잖아요. 그때 자아비판에 대한 인식이 너무나 평범하다고 생각했어요. 누구랑 잠깐 말다툼해도 '내가 조금만 양보하면 될걸, 괜히 좀 더 해가지고 잘못했네.'라고 저한테서 먼저 잘못을 찾았어요. 이처럼 나를 괴롭혀서 내 잘못이라고 하는 측면이 많았어요. 이렇게 예를 들면 좀 더 이해가 빠르지 않을까 싶네요.

한: 그러니까 '북한에 인권이라는 말은 없다'고 봐야겠네요. 인권적인 차원에서 보면 북한은 진짜 험지네요.

임: 그런데 '북한에 인권이 없다'는 표현은 틀린 말입니다. '인권'이라는 단어는 있어요. 근데 우리가 생각하는 '인권'과 북한에서 생각하는 '인권'은 차이가 있어요. 인권 개념은 있지만 접근 방식이 다를 뿐입니다. 인권의 범위도 차이가 있죠. 북한에서 인권을 존중하지 않는 건 아니에요. 그것도 편견인 것 같아요.

한: 아, 그래요? 그러면 임민규 씨는 북한에서의 인권이 어떤 의미로 쓰이는 것 같아요?

임: 사생활 침해를 당했거나 하면, 그거를 다 법으로 고소하면 판결을 받게 되어 있어요. 예를 들어서 어떤 지나가는 사람이 사랑을 나누는 모습을 보고 감히 와서 뭐라고 하면 사생활 침해로 고발할 수 있어요. 또 이런 경우도 있어요. 매춘 행위 같은 경우는 범죄라서 당연히 처벌을 받지만, 이미 성인이 된 남녀가 아직 결혼은 안 했지만 결혼할 사이라서 성행위를 할 수 있잖아요. 그런데 그거를 누가 와서 어떻게 성행위를 하냐는 식으로 막 방해하거나 그러면 "이거 내 사생활 침해했다."라고 해서 법정에 가서 처벌받아요.

한: 그럼 혼전 섹스를 하는 것은 불법이에요?

임: 아니, 불법이 아니에요. 만약 누가 와서 그 둘의 사랑을 방해했다 또는 둘의

사랑을 모독했다면 이런 부분은 다 인권에 속하는 거잖아요. 그러니까 나의 사생활인데 누가 침해했다? 이 여자가 내 여자고 내 사랑인데 나의 사랑을 감히 모독했다? 이런 느낌이 들게 하는 것도 고발하면 법적으로 실질적인 처벌을 받게 되어 있어요. 근데 일상생활에서 보면 북한 사람들의 인식 자체가 그래요. 어차피 이곳은 법이 잘 안 통하는 사회고, 그냥 돈으로 다 해결하는 사회라고 생각해요. 법에 의존을 안 해서 그렇지, 법 규칙상에는 그런 존중에 관한 문제, 자유권에 관한 문제, 평등에 관한 문제가 다 규정으로 있어요. 지켜지지 않아서 그렇죠.

한: 똑같긴 하지만 그 인권의 폭이 너무 좁고, 한국 및 국제사회와는 현저한 차이가 존재한다는 거네요?

임: 국민들이 그 권리를 누릴 만한 환경 자체가 부족해서 느끼지 못하고 못 찾는 거고요. 또 보편화되어 있지 않아서 익숙하지 않다 보니 모르는 거죠. 한국 사회에서도 내가 몰랐던 것을 TV 방송을 통해서 알게 되는 새로운 지식이나 사건들이 있는 것처럼요.

곽: 우리 한국 사회는 혼전 동거에 대해 너그러운 편이에요. 그래서 성인이 되면 이러한 관계가 비교적 자연스럽게 이루어지고 있는데, 북한도 혼전 동거 다 하고 그래요.

한: 혼전 동거를 일컫는 부부를 북한에서 뭐라고 하던데요.

곽: '뜨개부부'라고 합니다.

한: 맞아요. '뜨개부부.' 북한에서도 결혼 전에 동거를 먼저 하는 연인이 늘고 있다면서 '뜨개부부'라고 부른다고 하더라고요.

임: 저는 그 말을 처음 들어봅니다. 누가 만들어낸 말인지 모르겠네요. (웃음) 그걸 북한 전체에서 쓰는 단어라고 생각하시면 안 됩니다.

곽: 근데 오픈 사전에 보면 '뜨개부부'라는 말이 등록되어 있기는 합니다. 사전에는 '사실혼을 말하는 북한 말'이라고 돼 있어요.

람: 저도 처음 들어요.

임: 저는 북한에서 살았지만, 그런 말을 진짜 못 들어봤어요.

한: 그럼 임민규 씨는 한국에 오셨을 때 어땠어요? 한국은 인권 이런 거에 대해서 굉장히 중시하거든요. 그러니까 성범죄자의 인권도 생각하거든요. 피해자의 인권보다 오히려 범죄자의 인권에 대해 민감하게 반응할 때도 있어요. 범죄자의 인권도 중요하다는 얘기입니다. 이럴 정도로 우리나라는 인권에 되게 민감해요. 근데 한국에 오셔서 성소수자나 요즘에는 LGBT라고도 많이 하는데, 이런 존재나 문제들에 대해 어떤 느낌을 갖게 됐을까요? 새롭거나 충격이었나요? 아니면 어땠어요?

임: 그 충격은 해외에서 이미 받았죠. 그러니까 해외에서 '게이'나 '레즈비언' 같은 성소수자가 있다는 것을 통역원 친구한테 이미 들었어요. 근데 또 북한에서도 제가 고등학교 때인가 그럴 거예요. 뉴스에도 나왔었어요. 최근 국제소식이라면서요. 프랑스에서는 공식적으로 여자와 여자가 결혼하고 남자와 남자가 결혼하는 걸 허용했다고 하더라고요. 그러면서 마지막에 덧붙인 말이 인상에 남았어요. '정말 썩고 병든 자본주의 사회의 면모를 잘 보여준다'고 했죠.

람: 와, 썩고 병든 자본주의 사회!

임: '썩고 병든 자본주의 사회의 모습'이라면서, '저게 인간들이 할 짓이냐.' 그런 식으로 덧붙였어요. 그러니까 최근 국제소식에서 나온 거라, 저는 어느 정도 알고 있었어요.

한: 조선중앙통신에서 그런 식으로 방송하면, 그걸 보는 북한 주민들은 저런 게 나쁜 거라고 확실하게 인식을 하겠네요.

임: 그렇죠. 나쁜 거고 사람들 인식 자체가 '해서는 안 될 일'이라고 인식하고 있죠. '저게 말이 되냐?' 정도의 반응을 하죠.

한: 인간이 해서는 안 되는 일이라고 생각하는군요.

임: '저게 어떻게 가능하지? 어떻게 여자가 여자랑 결혼하고 그래? 그러면 어떻게 되지?' 이런 식이죠. 북한에서 의식 개혁을 안 해도 사람들은 아직까지 저런 세계를 모르기 때문에 이상하다고 생각하죠. 계속 갇힌 프레임 속

에서 살았기 때문에 남자는 무조건 여자랑 결혼해야 하는 게 맞다고 생각하죠. 여자는 반드시 남자랑 결혼해야 하는 게 맞다고 생각해요. 이런 인식이 확고하게 다져져 있어서, 그 외에 비껴가는 길을 몰라요. 시야가 좁은 게 단점이겠죠.

곽: 근데 최근에 한국 미디어라든가 중국 미디어, 유럽 미디어들이 북한으로 많이 유입되는 상황이잖아요. 그러다 보면 동성애는 물론, 우리 한국 드라마만 보더라도 성소수자와 관련한 장면이 나오는데, 이런 미디어에 조금씩 노출되다 보면 사랑에 대한 인식과 철학이 변할 수도 있겠다는 생각이 드네요. 사실 북한에서 이런 미디어를 몰래 보잖아요. 특히 중국을 통해서도 한국 드라마가 많이 들어가는 걸로 알고 있는데요. 그런데 아까 '저게 인간인가?' 또는 '썩고 빠진 자본주의의 결정체'라고 말씀하셨습니다만, 이런 문화 미디어가 지속적으로 유입되면 북한의 엘리트와 젊은 층들은 동성애나 성소수자에 대한 인식의 변화 속도가 빠를 것이라는 생각도 듭니다. 나이 드신 분들이야 '어떻게 저게 가능하냐?'라고 하시겠지만 젊은 친구들은, 특히 20~30대 초반 같은 경우는 '저런 사랑도 가능하겠는데?'라는 인식이 생길 수 있겠죠. 실제로 어때요?

임: 그런 경향을 배제할 수는 없죠. 근데 제가 생각하기에는 북한에서 그런 부류의 드라마를 많이 본다고 해도 결론은 같아요. '역시 자본주의는 못쓸 것이구나.'라는 생각을 하는 거요. 그러니까 여기 한국에 오신 분들은 이미 한국의 시스템에 대해서 어느 정도 인지하고 있는 분들이 있어요. 입남을 처음 하게 되면 인터뷰 요청이 많이 오거든요. 그럴 때 그 인터뷰를 함에 있어서도 어떤 방향으로 말할지를 생각하면서 해요. 왜냐면 남한 사람들이 질문하는 의도를 잘 모를 때가 있거든요. '왜 나한테 저런 질문을 하지?', '솔직하게 답을 해야 하는지, 아니면 어느 정도 남한의 시스템에 맞게 답을 해야 하는지' 헷갈릴 때가 있어요. 그러면 자신의 생각을 본의 아니게 살짝 조정해서 말하는 상황이 발생하죠. 그러니까 우리가 실제 북한에서 그런 영상을 봤다면 비판적인 시각으로 보게 돼요. 한국의 드라마가 엄청 재미나고 동성애 같은 장면이 나온다고 해도 마지막 결말을 보고 끝나면 '자본주의 사회에서는 못 살겠구나.' 하는 게 일반적인 반응이에요. 제가 진짜 느끼

기에 북한에서 60%는 늘 비판적인 시각으로 드라마를 바라본다고 개인적으로 생각합니다. 결과적으로 이런 현상을 다루는 것에 대해서 비판적이지만 한국 사회가 북한에서는 신기한 사회로 여겨지고 있으니까 드라마도 재밌게 보는 것이죠. 또 우리하고 똑같은 말을 쓰는 같은 민족이라서 그렇기도 하고요. 그래서 드라마의 매력에 북한 인민이 빠질 수밖에 없게 되는 거죠. 그렇다고 드라마를 보고 동화되는 거는 좀 드물다고 보면 돼요.

곽: 북한에서도 미디어를 볼 수 있는 지역이 따로 있나요? 그러니까 함경도 위쪽으로는 아무래도 평양보다도 미디어를 볼 형편이 안 될 것 같은데요.

임: 북한에서도 평양을 중심으로 해서 그 위 북쪽에 사는 분들은 모르겠어요. 북한도 이미 함경도나 양강도 쪽은 내버려 두는 경향이 있어요. 저기는 이미 북한이 아니라 진짜 죄인들만 보내서 통제를 강화하는 곳이라고 하더라고요. 그래서 그곳으로 갔다고 하면 추방당했다고 보면 돼요. 그러니까 북한(체제)에 뭔가를 잘못 보인 사람들은 다 거기로 보내는 거예요. 저도 한국에 온 다음에 탈북자가 있다는 걸 알았지, 저는 제가 최초로 탈북한 줄 알았어요. 제가 지냈던 지역이 평양이기 때문에 해외에 만약 안 나갔다면 저는 북한에 충성하면서 살았을 거예요. 북한 내에서만 살았다면 늘 북한의 모든 시스템에 충실하게 살았을 거예요. 해외에 나갔으니까 북한 사회를 다시 보게 됐죠. 해외에 나가서 보고 들은 게 있으니까 이렇게 된 거지, 안 그랬으면 지금도 북한에서 살았을 겁니다. 북한이주민들의 말을 있는 그대로 객관화된 진실로 받아들이면 문제있을 것 같아요. 물론 대부분이 자신의 경험을 솔직하게 말하지만 일정 부분은 기억의 상쇄를 통한 '조작된 진실'일 가능성이 큽니다. 북한이주민들의 말을 완전한 증언처럼 믿고서 북한 사회를 그대로 평가하면 안 됩니다. 그러면 오히려 북한과 더 멀어질 수밖에 없어요. 북한이 아직까지 유지되고 아직까지 잘 살아가는 이유는 북한도 나름대로 사회의 시스템을 갖추고 있기 때문입니다. 북한 내부에도 충분히 자기들의 삶을 온전히 향유하면 우리가 보기에 북한은 굶어 죽고 못살고 인권도 없어 보이지만 그게 다가 아니라는 거죠. 저도 실제로 집이 힘들긴 했지만 내 나름대로 주변에서 최고라고 할 정도로 잘 살았고 그런 삶을 누리고 왔어요. 북한이주민들이 탈북했기 때문에, 북한에 대해서 비

판적인 목소리를 내는 것은 충분히 이해가 돼요. 그런데 조작된 진실이 있다는 거죠. TV 출연을 고정으로 하시는 분들도 작가가 써준 어느 정도의 시나리오에 따를 수밖에 없는 것처럼요. 따라서 100% 팩트를 진실되게 소명한다고는 볼 수 없는 거죠.

곽: 맞아요. 일부 TV 프로 같은 경우도 조작이 많이 되고 있다는 것은 알고 있어요.

임: 저도 한국에 처음 왔을 때 '북한을 너무 있는 그대로 말하면 나의 정체성을 사람들이 의심해서 나를 요시찰 대상으로 삼지 않을까?' 걱정했어요. 북한에서는 조금만 잘못해도 요시찰 대상이 되고 처벌받고 하니까요. 그래서 저도 약간은 자기 자신을 조작하는 거죠. 그냥 북한이 나빠서 왔고, 난 자유가 그리웠고 등등, 그냥 내가 한국에 온 정당성을 찾기 위해서 진실을 자꾸 조작하고자 했던 것들이 있거든요. 저도 처음 왔을 때 그랬어요. "드라마에 나오는 분이 정말 멋있었다", "자유가 없어서 이렇게 왔다." 이런 식으로 말했어요. 근데 사실은 그런 측면도 있지만 내면에는 어쩔 수 없는 상황이 돼서 내려온 경우가 있거든요. 북한 사회가 당연히 잘못된 부분이 있는 건 확실하지만, 너무나 과도하게 편견을 갖게 하는 부분들도 있다는 거죠.

한: 사실 저도 그런 얘기 들었어요. 우리나라에 와 계신 탈북민들이 3만 명 넘지만 대부분이 다 양강도, 함경북도 이쪽 국경 근처에서 오신 분이 80~90%고, 그분들은 평양에 가본 적이 단 한 번도 없다고 하더라고요. 그런데도 그분들이 평양에 대해서 TV에 나와 막 거리낌 없이 말씀하시더라는 거죠. 제가 ○○ 작가님이랑 작년 연말에 만나서 밥을 먹었는데 그분이 그러시는 거예요. 〈이제 만나러 갑니다〉에 나온 탈북자들이 ○○에 대해서 막 얘기하더라는 거죠. "그들은 현명해서 엘리트 출신이고 그래서 그들은 잘 먹고 잘 살았다고 이렇게 얘기하는데, 사실 그렇지 않다. 우리는 평양에서 살았지만 진짜 힘들고 배곯았다. 그 사람들은 평양의 사정에 대해 하나도 모르면서 그렇게 얘기하더라."는 것이었어요. "자기네가 단지 외교관이라는 이유로, 평양에서 엄청 잘 먹고 잘 살았다고 하는데, 나도 평양에 있었지만 진짜 힘들고 먹을 게 없어서 우리 둘째 굶기면서 피눈물을 흘렸다."고

하시더라고요. 그래서 'TV에 나와서 말하는 것하고 실상하고 진짜 다르구나.'라고 느끼긴 했었거든요. 근데 그 시각이 이제 새로운 거예요. 남한 드라마가 너무 재밌고 신기해서 보긴 하지만, 그 끝에는 역시 '썩고 병든 자본주의 사회'라는 인식이 강하게 잡혀 있다는 것이요.

임: 한국은 모든 게 다 개인에게 초점이 맞춰져 있지만 북한은 집단에 초점이 맞춰져 있어요. 그러니까 개인을 위해서 목숨을 걸고 여자를 위해서 자기의 모든 걸 바치는 모습을 보면, "야, 저건 바보다."라는 식의 인식이 커요. 물론 지금은 많이 변하긴 했지만, 실질적으로 북한에서 사는 사람들하고 혹시라도 인터뷰를 해보면 그럴 거예요. "한국 영화 봤는데 어떠냐?"라고 물으면 반드시 비판적인 시각을 말할 겁니다. 영화에 나오는 사람이 너무 멋있다거나 여자 배우가 예쁘다고 실제로 말할 사람은 드물어요. 속으로는 다 비판적인 시각을 감추고 있는 거죠.

한: 이거 되게 새로운 포인트인 것 같은데요.

곽: 포인트이기도 하고, 우리나라 같은 경우는 '밈(meme)'이라고도 하잖아요. 문화가 퍼져나가는 현상을 '밈'이라고 하는데요. 연애라든가 소수성애라든가 연상연하 커플이라든가 하는 것들이 무대 위에서 각광받거나 하죠. 이러한 '밈'이 북한에도 있을 것 같은데요?

임: 대부분이 한국 영화에 영향을 많이 받긴 하죠. 그런데 그중에서 좋은 것만, 자기네가 하기에 좋은 것만 가져오는 거예요. 그러니까 자기네가 생각하기에 '이건 아니다' 싶은 거는 배제하면서 비판적인 시각으로 봐요. 그런데 '야, 저거는 우리 사회에서 해도 되는 스타일이야. 어떤 신기한 스타일이야.'라고 판단이 되면 가져오는 거죠. 그리고 한국이 발전됐다는 걸 아니까, 만약에 한국에서 어떤 데이트 스타일이 인기라고 그러면 자신들의 데이트에도 반영하는 거죠. 그렇지만 한국 문화가 그로 인해서 막 상승하고, 한국이 엄청 좋다는 식은 아니에요. 한국 경제가 좋고 훌륭하다는 걸 북한에서도 대충 알아요. 북한에서도 모르는 사람은 없어요. 근데 그 사람들이 왜 한국을 존경하고 싶은 마음이 없냐면, 사실 북한 사회에서도 충분히 잘 사니까 그렇거든요. 잘 산다는 게 경제적으로 넉넉하다는 의미가 아니라,

잘 지낼 수 있다는 의미예요. 나름대로 만족하고 살거든요. 실질적으로 제가 한국에 와보니까 북한에서 살았을 때 느꼈던 만족보다는 여기 와서 느끼는 만족이 덜해요.

한: 만족이 덜하다고요? 새로 적응하고 힘드시니까 그럴까요?

임: 적응하느라 힘들고 우리가 살았던 문화와 너무 다르니까요. 그래서 저는 부모님을 한국에 데려오고 싶지 않아요. 부모님이 오시면 엄청 외롭고 쓸쓸할 것 같아요. 한국이 뭐든 시설이 잘 돼 있고 뭐든 자유롭지만 인간은 공동체 속에서 살아야 하잖아요. 북한 사람들은 집단주의 속에서 살아온 사람들이에요. 그래서 동네에 가면 다 같이 TV 보고 먹는 것도 같이 먹고 그래요. 그런 게 엄청 북한하고 달라요. 그래서 제 부모님은 북한에서도 잘 살고 있는데 여기 한국에 굳이 올 필요는 없다고 그러세요. 그런데 대부분 북한이주민이 외국에 나가서 한국으로 오는 이유는 북한에서 하지 말라는 걸 했기 때문인 거예요. 그러니까 북한 당에서 하라고 한 것을 해서 잘 살았다면 한국에 올 이유가 없겠죠. 그런데 하라는 것을 하는데도 잘 못 사니까 오는 거죠. 저도 마찬가지였어요. 북한에서 살려면 내가 생각하는 이미지로 살면 되겠다 싶었는데, 해외에 나가보니까 그게 아니더라고요. 그래서 이거 안 되겠구나 싶었죠. 그래서 어쩔 수 없는 상황에 부닥치게 돼서 한국으로 온 거죠. 자유가 좋고 한국이 잘 살고 인권이 보장되어서 와야겠다는 생각은 하지 않았어요. 그런 마음으로 오지도 않았습니다. 저는 북한 외교관이랑 같이 일하면서 태영호 의원에 대한 탈북 스토리를 들었는데, 그 의원도 어쩔 수 없는 상황과 결단 속에서 한국행을 택하셨다고 하더라고요. 그리고 태영호 공사님이 하시는 말이 맞아요. 대사로 나가면 돈을 많이 벌어올 수 있기 때문에 돈을 엄청 써서 막 그렇게 나가기도 하거든요. 어느 정도 중간계급에 있는 분들이나 더 높은 계급에 있는 분들은 대사로 나갈 생각을 굳이 안 하죠. 물론 대사로 나가면 자유롭고 돈을 많이 버니까 좋은 기회이기는 합니다. 그래서 돈을 엄청 많이 쓰고 해서 그런 자리를 차지하는 부분도 해요. 하지만 그분들 다 나름대로 사정이 있는 거예요.

한: 임민규 선생님의 말씀은 일리가 있어요. 저도 북한의 어떤 분을 알아요. 그

분은 김일성 종합대학 나오고, 아버지도 되게 높은 분이셨고요, 그 장인어른도 되게 높으신 분이셨대요. 아무튼 해외에 계시다가 이분이 오셨는데, 처음 봤을 때 제가 "왜 한국에 왔냐?"고 하니까 "한국이 좋아서 온 게 아니다. 그렇게 얘기하지 말라"면서 표정이 딱 굳어지시더라고요. 얼굴색이 변하면서 "나는 한국의 이런 민주주의가 좋아서 온 사람이 아니라, 애들 앞길을 생각해서 온 거다. 그러니 북한을 그리 얕보지 말라."라고 딱 말씀하셨어요. 그러니까 "북한은 자유도 없고 인권도 없다."라고 제가 얘기를 했겠죠. 그랬더니 그분이 딱 정중하게 말씀하시더라고요. 그러니까 북한에 대해 갖는 한국의 이런 편협한 사고가 문제라는 식으로 말씀하셨어요. 자기는 북한에 대해 자존감이 아직도 있다고 하시더라고요. 그분 연세도 많으시긴 했어요. 지금 말씀하신 거 들어보니까 그렇기도 하네요.

곽: 실제로 돈을 써서 파견을 나간다든가 하는 것들을 북한에서는 '외화벌이'라고도 해요. 제가 볼 때 90% 이상이 거의 다 외화벌이를 위해 북한에서 해외로 나가지 않을까 하는 생각이 드네요. 그런데 이런 내용을 제가 공론화해도 괜찮은 건지 모르겠네요.

임: 이미 해외 파견에 대해서 다 잘 알고 있더라고요. 아마 괜찮을 것 같은데요. 북한 사람들이 해외에서도 너무 많이 한국에 왔고, 그 사람들이 다 얘기했을 거예요.

한: 근데 해외 R 지역에 북한분이 2만 명 정도 살고 있다는 게 저는 놀랍네요. 몇백 명 정도라 생각했는데요.

임: 저는 대표부에 있어서 통계를 다 본 거죠. 몇 명이 있는지, 대충 회사가 몇 개 있는지 알지만, 완전 자세하게는 모릅니다.

곽: 주로 건설 쪽에 많이 나가 있는 거예요?

임: 건설이 대부분이고요. 여성분들은 식당 종업원, 그리고 '미싱' 하는 분들이 한 500명 정도. 식당 근무자는 적어요.

한: 몽골에도 '미싱' 하는 탈북 여성 군인이 되게 많다는 얘기를 들었거든요. 그런데 R 지역에 노동자들의 인건비가 비싸서 많을까요?

곽: 아무래도 그 지역이 세계적으로 비교적 더 잘사는 나라라서 그럴 겁니다. 환율도 높고요.

임: 맞아요. R 지역은 환율이 높아서 조금만 벌어도 많은 돈을 벌 수 있죠.

한: 북한 노동자들이 진짜 여러 나라에 나가 있네요.

곽: 이집트 쪽도 많이 있지 않나요? 북한에 들어가는 거의 모든 통신(오라스콤)이 이집트 쪽에 있잖아요.

임: 이집트에는 건설보다 통신이나 무기 등인 것으로 알고 있습니다.

한: 그리고 하마스 땅굴도 사실 북한에서 해준 거라는 얘기도 많잖아요. 너무 말씀 잘해 주셔서 오늘 감사합니다.

임: 그냥 제 개인적인 생각을 말했을 뿐입니다.

한: 어쨌든 가장 최근에 오신 분이고, 그리고 북한 군부대에서 10년 근무하셨고요. 그래서 좀 새로운 점을 많이 알 수 있어서 재밌었습니다.

임: 북한에 대해 관심을 가지고 연구하고 알리는 일은 감사한 일이죠.

인터뷰 참여 소감: 임민규(가명)

BBC 기자와의 인터뷰는 질문과 답변에 응하는 단순한 형식을 넘어, 북한 사회의 어두운 단면을 비추는 역할을 했다. '성소수자'라는 다소 민감하고 소외된 주제를 꺼내 놓으면서, 우리는 북한 사회의 깊숙한 곳을 더듬는 기회를 얻었다. 인터뷰는 인상 깊었다. 북한에 대한 깊은 이해와 성소수자 문제 해결를 통해서 나는 작지만 북한의 중요한 이슈에 다시 한번 관심을 갖게 됐다.

그러나 이런 인터뷰는 가슴 아픈 현실을 직시하게 하는 시간이기도 했다. 북한 사회에서 성소수자의 존재는 인정받기 어려우며, 개인의 정체성을 자유롭게 표현할 수도 없기에 그렇다. 이러한 억압적인 분위기가 내 마음을 무겁게 했다. 공동체주의를 강조하는 북한 사회에서는 개인의 욕구와 꿈이 쉽게 배척당하고, 국가와 집단을 위한 희생만이 강요된다. 이러한 구조 속에서 성소수자들은 더욱 고립되고, 그들의 목소리는 공허한 메아리로 사라질 뿐이다. 이처럼 북한 사회의 성소수자들은 자신이 누구인지에 대한 정체성을 찾는 것조차 힘든 상황에 처해 있다.

인터뷰를 통해 나는 북한 주민들이 체제에 대한 불만을 지닌 사람들이 아니라, 인간으로서 누려야 할 기본적인 권리를 박탈당한 채 살아가는 존재임을 다시금 깨달았다. 자신의 정체성을 탐구할 기회조차 갖지 못하는 삶은 마치 감옥과 같을 것이다. 그들은 자신이 무엇을 좋아하는지, 어떤 삶을 살고 싶은지를 자유롭게 말하지도 못하는 현실 속에 갇혀 있다. 이러한 고통은 개인의 문제가 아니라, 북한 사회 전체의 인권 문제와 연관된다. 이들은 사회가 부여한 정체성에 맞추기 위해 부단히 노력해야 하고, 그러한 과정에서 많은 이들이 상처받고 있다. 하지만 절망 속에서도 희망을 놓지 말아야 한다.

인터뷰를 마치면서 나는 한국 사회에 북한의 실상을 알리고, 국제사회에 북한 인권 문제에 대한 관심을 환기시키는 것이 얼마나 중요한 일인지 깨달았다. 비록 작은 목소리지만, 함께 모여 외친다면 변화를 끌어낼 수 있을 것이다. 우리는 서로 이야기를 나누고, 감정과 경험을 공유함으로써, 북한 사회의 문제를 알리고 해결하기 위한 공감대를 형성할 수 있어야 한다.

마지막으로, 북한 사회 문제에 대한 깊은 관심을 가지고 끊임없이 노력하는 기자님께 감사의 말씀을 전하고 싶다. 기자님의 열정이 북한 주민들에게 희망의 빛이 되기를 바라며, 앞으로도 북한 인권 문제 해결을 위해 함께 노력하는 등불이 되기를 기대한다. 이번 인터뷰가 정보 교환의 차원을 넘어, 북한 성소수자 문제를 이해하고, 그들의 고통에 공감하는 장이 되었으면 하는 바람이 있다. 앞으로도 우리가 함께할 수 있는 작은 행동들이 모여 큰 변화를 이끌어내면 좋겠다.

여자가 여자를
사랑할 수 있을까

(혜산 출신, 북한 연구원 출신,
50대 초반, 2014년 입남)

인터뷰어: 전주람(이하 '람')
인터뷰이: 박순자(가명, 이하 '박'), 전화 인터뷰로 진행
일시: 2024.05.24. 오후 6:00–7:20(약 1시간 20분)
내용 구성 및 정리: 곽상인

〈인터뷰이〉 소개

그녀는 45살이 되던 2014년에 딸(22세), 남편과 함께 탈북했다. 북한에서 국립○○과학원 연구조수로 22년 근무했으며, 자신의 꿈보다 부모가 바라는 꿈을 위해 살았다고 했다. 부모는 그녀의 오빠가 의사 자격을 취득하지 못하자, 그녀에게 의사가 되라고 강요했다. 그런데 그녀도 의사 자격시험에서 탈락했다고 한다.

그녀는 분석 일을 하는 연구원으로 활동했다. 총 130명 중 여성이 15명 정도밖에 되지 않는 직업이었다. 산림연구소와 같은 곳으로, 하는 일은 주로 토양분석, 엽록소분석, 생체분석 등이었으며, 겸직으로 실사공을 했다고 한다. 실사공은 이런 것이다. 북한에는 컴퓨터가 없어 국가과학원 산하 연구소에서 연구과제를 수행하면 그 모든 것을 볼펜으로 기록하여 상부에 보내야 한다. 그 기록하는 일을 실사공이라 한다.

실험 기구들도 직접 유리공장에 가서 만들어 사용했다. 유리공장에서 직접 보고 자재를 얻어 와서 스스로 생각해 실험 기구를 만들면 인정을 받았다고 한다. 한국에 와서는 처음에 학원 강사를 했었고 주로 경리 일을 했었단다. 북한이주민에게 한글, 엑셀, 파워포인트, 회계를 가르치는 학원이었다. 학원 일은 적성에 맞았지만 한국 원장과 북한이주민 원장 간에 불화가 생겨 일을 그만두었다.

다음으로는 버스 회사에 들어가 행정업무를 맡았다. 엑셀 등 컴퓨터로 하는 일을 맡아 약 1년 8개월 정도 일했다. 그러나 안타깝게도 회사가 부도 나서 실직했다. 그런 후 하나센터의 선생님 주선으로 약국 보조로 들어가서 일하게 되었다.

그녀는 꼼꼼해서 일할 때 최선을 다하며 정확하게 마무리를 짓는 게 강점이라고 했다. 몸담은 회사를 자신처럼 생각하며 헌신적으로 일한다고 한다. 그녀는 '현재에 충실하고 어떤 일에도 최선을 다하자!'는 가치관을 가지고 일하고 있다.

람: BBC 한 기자님이 성소수자에 관해 여쭤보시더라고요. 저는 아직 그 주제로 연구한 적이 없거든요. 저도 생각지 못한 주제였긴 한데 궁금해지더라고요. 그래서 어머니께 연락드려 본 거예요. 혹시 듣거나 보신 적이 있는지 하고요.

박: 있어요. 뜬금없이 돌아다니는 유언비어가 아니에요.

람: 군대 안에서도 남자끼리 그런 일이 있다고도 하던데, 어떤가요?

박: 여자 사건이에요. 내 친구 여자. 그러니까 19살부터 그런 짓을 하더라고요. 5살에 걔네가 어디서 이사 왔는지는 모르겠어요. 근데 지금 생각해 보면 걔네가 5살에 와서 6살부터 친구처럼 지낸 거예요. 아기 때부터 옆집에 살았어요. 그 친구가 우리 오빠를 원래 좋아했거든요. 근데 실연당한 거죠. 19살에. 그러니까 우리 오빠를 좋아했는데 우리 오빠가 걔를 좋아하지 않았어요.

람: 아, 그렇군요. 짝사랑인 거예요?

박: 네. 짝사랑을 한 거예요. 우리 오빠가 군대 나갈 때 얘가 우리 오빠를 너무 좋아했어요. 그리고 어릴 때부터 얘가 말발이 좋았고 거짓말도 잘했어요.

람: 아니, 근데 남자를 좋아했으면 정상 아니에요?

박: 맞아요. 생리도 했고요. 걔네 아빠는 대학교 교장 선생님이었고 엄마는 어린이집 원장을 했댔어요. 친구 언니는 교육자이고요. 교육자 집안이고 언니가 진짜 이쁘게 생겼어요. 만수대 예술단이라는 데서 배우를 했고요. 그 다음에 형부는 기자단에서 기자를 했어요. 북한 어디 중앙 기자였댔어요. 그리고 친구가 막내인 거죠. 그 부모들은 일 나가고 늦게 들어와요. 북한의 엄마 아빠들은 밤 10시 넘어서 들어오는 거예요. 항상 아침 5~6시에 나가면 밤 10시 넘어서 들어오는 거예요. 맨날 전투라는 거 해가지고 그랬어요. 항상 전투라고 그러고, 백일 전투, 무슨 무슨 전투라고 맨날 그랬어요.

람: 네. 전투가 많네요.

박: 그러니까 '100일 동안에 뭐 하자', '김일성 생일이니까 앞으로 100일 동안

에 실적을 올리자', 또 '무슨 날이니까 성과를 내자'고 그러는 거죠. 전국에 각 기관 기업마다 밤낮없이 일합니다.

람: 아, 그걸 전투라고 하는군요.

박: 네. 그런 걸 전투라고 해요. 그러니까 거기는 8시간 노동제잖아요. 근데 우리 아빠 같은 경우는 그 현장에서 100일 동안에 한 번도 땅으로 나오지 못하고 그렇게 막 열정적으로 일했거든요. 아빠만 그렇게 하고, 엄마는 집에 있었어요. 근데 그 친구는 아빠와 엄마가 나가 있으니까 집에 사람이 없잖아요. 그러다 보니 우리 집에서 항상 같이 놀았거든요. 우리 엄마가 집에 있었으니까 항상 거짓말을 해요. 저는 성격이 어릴 때부터 좀 꼬장꼬장했어요. 지금 생각해 봐도 제 성격이 좋지는 않아요. 그래도 나는 아직까지 살면서 거짓말이라는 걸 못 해보고 자랐거든요.

람: 성실한 사람은 계속 그렇게 살더라고요.

박: 어쨌든 그 친구가 항상 거짓말을 치면 "니 그래서는 안 된다."라고 말했거든요. 그럼 친구가 "항상 넌 그렇게 해라."라고 했어요. 날 보고 항상 그랬거든요. 14살 때쯤엔가는 "야, 우리 한번 담배를 피워볼까?" 그래요. 그래서 저도 담배라는 것에 호기심이 나더라고요. 그래서 둘이 앉아서 담배를 피우는데 나는 삼키지 못하고 이렇게 막 목이 꺽꺽 메는데, 걔는 콧구멍으로 연기가 나와서 방울이 뻥뻥 지게 하고 있더라고요.

람: 여기로 치면 비행 청소년이라고 할 수 있나요?

박: 그럴 수 있죠. (웃음) 그때는 호기심이 나서 그렇게 했어요. 그렇게 우리 둘이 다 고등학교를 졸업했거든요. 걔는 A 전문학교를 가고, 저는 화학 전문학교를 갔어요. 그때 우리 오빠가 19살 때 군대를 나간 거예요. 친구가 우리 (친)오빠 좋아하다 보니까, 저는 '거짓말하는 애를 어떻게 며느리를 삼겠다고 하지?' 그렇게 생각한 거예요. 그렇다고 애가 나쁘지는 않았어요. 거짓말만 할 뿐이죠. 좋은 애예요. 거짓말하는 게 재미있어나 봐요. 그냥 나한테 거짓말을 치고는 "너는 이러면 안 된다."라고 하면서 재미로 할 때가 있었죠. 좀 능청맞은 데 있어서 거짓말을 그렇게 하고 다닌 거죠. 그러다가

오빠가 군대 가고 나서 여자 한 명을 꼬신 거예요. 19살에 그걸(성관계로 추정) 한 거죠. 어느 땐가는 걔네 엄마가 저보고 그래요. "남자를 이렇게 많이 키워봤어도 구혈 안 찾는다."라고요.

람: 구혈이 뭐예요?

박: 구혈이라는 게 뭐냐면, 여기 남한식으로 치면, 학교에서 애들이 사고 치면 부모님들이 막 불려가고 하잖아요. 그런 거 있잖아요.

람: 아, 학부모님이 학교에 불려가는 거요?

박: 네. 그런 애였어요. 부모 속 썩이는 애였죠. 근데 어떻게 하다가 여자를 꼬신 거예요. 그 친구 부모님이 일본 재일 동포였어요. 그래서 잘살았죠. 일본에서 친척들이랑 오니까 잘살았어요. 그때가 1980년대였는데, 그 집에 TV부터 시작해 없는 게 없었어요. 근데 그전에 우리 집을 자꾸 오가고 했지.

람: 왜요?

박: 우리 오빠를 좋아했으니까요. 우리 오빠 군대 나갈 때 나한테 기다리겠다고 그랬어요. 그래서 내가 기다리지 말라고 했죠. 너 좋아하지 않는다고. 그러니까 얘가 거기서 통곡하며 울었거든요. 그다음에 얘가 아마 실연을 당해서 그런가, 자꾸 어떤 여자애를 따라다녀요. 어떻게 꼬셨는지는 모르겠지만. 언니가 정말 이뻤댔어요. 친구는 안 이뻤댔어요. 누가 봐도 그 언니가 엄청 이쁘고 걔는 하나도 안 이쁜데. 그래도 저는 친구니까 "너 하나하나 뜯어보면 이목구비가 잘 구비돼 있다."고 해주곤 했어요. 어느 땐가는 그 친구 엄마가 "쟤 때문에 힘들어 죽겠다."고 그래요. "남자를 네 새끼나 키워도 힘들게 한 게 한 명도 없었는데 쟤 때문에 속상해 죽겠다."고 그랬죠. 그래서 "왜 그러시냐?"고 하니까 "얘가 걔한테 훌떡 넘어가서 집에 있는 녹음기를 줬다."는 거예요. 그때 녹음기 있는 집은 엄청 드물었거든요. 웬만한 집은 녹음기를 보지도 못한 애들이 많았는데 걔는 거기서 그렇게 한 거예요. 완전히 그 언니한테 푹 빠져서요. 그때 그 친구가 자기 아버지, 오빠들 앞에서 무릎 꿇고 진짜 싹싹 빌었대요.

람: 그럼 선생님 친구가 그 언니를 이성적으로 좋아한 거예요?

박: 내 생각에는 이성적으로 막 그랬다기보다는 자기를 너무 잘 대해 주고 하니까 그런 거 같기도 해요. 진짜 잘 모르겠긴 해요. 근데 이상한 게 나중에 어쨌든 후회한다고 그러더라고요.

람: 후회한다고요?

박: 네. 그런 말은 했어요. 후회한다고. 지금이라면 제가 막 구체적으로 물어봤겠는데 그때는 상상도 못 한 거죠. 그러다가 얘가 또 누구를 잡았냐면, 자기보다 8살 이상이고 결혼도 한 번 갔다 온 여자를 만난 거예요.

람: 결혼했던 여자를요?

박: 네. 한 번 갔다 온 여자.

람: 한 번 갔다 온 여자를 이성적으로 좋아했다는 말씀인 걸까요? 그때가 몇 살 정도였어요?

박: 20대 때, 그게 24살 정도였어요.

람: 둘이 산 거예요?

박: 그러면 거기서는 다 걸리잖아요. 산 게 아니라요. 북한은 증거가 없잖아요. 여기처럼 녹음기나 전화기나 카메라가 있든지 하면 걸리죠. 그런데 북한은 그런 것이 없을 때니까 이상한 짓을 다 할 수 있죠. 증거가 없잖아요. 언젠가는 한 번 갔다 온 여자랑 둘이서 불 켜놓고 그 짓거리를 하더래요. 진짜 서로 올라타고 속옷 내리고 막 이렇게 여자끼리.

람: 그걸 어떻게 봐요?

박: 어떻게 봤냐면 오 씨라는 여자가 있었어요. 그 사람도 10살 때에 온 여자애거든요. 일본에서 나고 자란 재일 동포인데, 그게 1990년대 혜산 얘기예요. 그 사람이 혼자 봤어요. 어떻게 봤냐면, 그 집이 지방으로 이사 가느라고 집을 판 거예요. 근데 지방으로 가야 하는데, 한꺼번에 짐이 다 미처 못 빠지니까 새로 들어올 사람한테 양해를 구한 거죠. 그 사람들 보고 뭐라고 했냐면 짐을 빼려면 기차가 지나가는 시간하고 맞춰야 한다고 한 거죠. 그때는 기차가 다닐 때니까, 기차로 짐을 옮겨야 하잖아요. 그래서 기차 다니

는 시간하고 날짜를 맞추다 보니 한 3개월 후에나 이사가 가능한 거예요. 그래서 새로 들어올 사람들한테 "조금만 더 있다가 나가겠다."고 한 거죠. 새로 들어올 집에서도 '오케이' 했죠. 그래서 집값을 깎아준 거예요. 근데 새로 들어올 집이 군인 가족이었어요. 그러다 보니 새로 이사 올 집하고 얘네하고 관계가 별로 좋지 않은 거예요. 어쨌든 새로 들어올 집의 여자가 내 친구랑 다른 여자랑 하는 것을 직접 본 거죠. 그래서 자기가 본 걸 옆집 아줌마한테 말한 거예요. 옆집이 인민반장이었는데, "여자끼리 무슨 그런 상상도 못 할 일을 하냐?"고, 처음에는 일러바친 사람한테 거짓말한다고 하면서 막 펄펄 날아 뛴 거예요. 그러니까 고발한 사람이 "무슨 소리 하냐, 나는 내 눈으로 직접 봤다." 그런 거죠. 우리 북한은 집 구조물이 어떻게 됐냐면, 작은방에서 큰방으로 지나갈 때 문 위에 한 12cm 정도 유리창이 있어요. 그러니까 방에서 부엌으로 지나가다 보면 뭘 하는지 볼 수 있는 거예요.

람: 그러니까 유리창을 통해서 안쪽을 볼 수 있는 구조라는 거죠?

박: 네. 유리창을 통해서 안쪽을 보는 거예요. 그때는 인민반장이 "상상도 못 하는 소리니까 거짓말하지 말라."고 했겠죠. "아무리 나빠도 그런 말을 지어내지 말라."고요. 그래서 그 아줌마가 실제로 봤는데도 난감하게 된 거예요. 그러니까 인민반장을 데려온 거예요.

람: 인민반장은 남자예요?

박: 아니, 여자 반장이요. 그런데 실제로 그걸 보고 막 기겁을 한 거예요. 진짜 기겁을 해서 신고했어요.

람: 그래서 어떻게 됐어요?

박: 끌려가서 잡혀 들어갔죠. 진짜로 들어갔는데 그 엄마가 국가 탁아소라는 데에 있었어요. 저희는 그러니까 상업 탁아소가 있고 국가 탁아소가 있어요. 이렇게 탁아소는 두 부류로 나눠 있었어요. 상업 탁아소라는 건 어떤 데인가 하면요. 여기로 치면 직장 어린이집 같은 거예요. 그러니까 소기업처럼 돼서 2급 기업분, 2급 기업소 같은 자체 내 탁아소가 있었어요. 근데 3급 4급 5급 기업 같은 탁아소도 있어요. 그거는 너무 작고 인원도 적은 탁

아소예요. 운영할 만한 여건이 안 되는 거죠. 그래서 국가에서 관리하기 어려운 여건인 데에서는 상업 탁아소라는 거를 따로 운영해요. 그 애 엄마가 있던 국가 탁아소는 공직자들, 여기로 말하면 공무원, 교원, 의사 이런 사람들 자녀가 가는 곳이에요. 그러니까 걔네 엄마가 파워가 대단한 거죠. 아빠는 대학교 교장을 했댔으니까 또 그 파워가 대단한 거죠. 그래서 그 엄마가 와서 그 사건을 수습했죠. 그 엄마도 "이런 건 처음이다."라고 하면서 울며 불며 난리였죠.

람: 돈으로 빼왔어요?

박: 아뇨, 인맥으로요. 돈으로는 아니에요. 그때는 돈 가지고 빼오고 한 때는 아니었어요. 걔네 엄마 인맥으로 해서 빼왔죠. 돈이 안 통할 때였으니까, 세력으로 한 거죠.

람: 아, 세력으로요. 유○브 보면 성소수자들이 있다고도 하던데, 진짜 있었을 수도 있겠네요.

박: 진짜 있겠죠. 나는 그걸 겪은 거니까요.

람: 그때 어머니도 그 소식 듣고 되게 충격받으셨겠네요.

박: 그렇죠. 그때 9월인가 그랬어요. 우리 집 옆집이니까 걔가 나올 때까지 기다렸다가 만난 거예요. 내가 그랬어요. "이전 날의 일은 다 지금이라도 잊어라. 엄마 아빠 얼굴에 똥칠하지 말고 잘해."라고 했어요. "무슨 그딴 짓을 해가지고 그러냐?"고 그랬어요. "친구니까 앞으로 똑바로 잘해라."라고 했어요. 그러니까 "알겠다. 앞으로 잘하겠다."고 했어요. 근데 얘가 잡혀 들어갔다 나온 다음에 소문이 난 거예요.

람: 소문이 나면 못 살지 않나요?

박: 어떻게 살아도 창피하죠. 왜 그렇게 됐냐고 하면서 그게 일파만파 험담으로 돌아간 거죠. 그래도 엄마 파워가 세니까, 그 당시 걔네 엄마 아빠가 왕이었거든요. 특히 아빠는 정말 양반이었어요. 정말 좋은 사람이었는데 엄마가 보통이 아니었거든요. 성소수자가 다른 나라에서는 몇 년부터 어떻게 발전했는지는 모르겠는데, 그때 내가 19살이었으니까 1980년대잖아요. 한

국 같으면 88올림픽 할 때니까요. 어쨌든 나는 친구로서 걔가 좋은 게 뭐냐면 기타를 치면서 노래하는데 서로 즐거워져요. 잘해!

람: 그 친구분이 재능이 많네요. 그 당시에는 성소수자에 대한 개념이 없었고 또 그런 부분에 대해 부정적이다 보니까, 그 친구와 관계를 끊을 수도 있었겠다는 생각이 드는데, 그렇게 하지는 않으셨네요.

박: 뭐라고 할까요? 그렇겐 안 했어요. 악의적인 사람이 아니었으니까요. 저랑은 6~7살 때부터 친구였으니까요. 걔가 우리 집에서 기타 치고 노래 불러 주면 그렇게 재밌더라고요. 그렇게 지냈는데. 근데 웃긴 게 뭐냐면 한번은 군부대예술단이 내려왔댔어요. 평양에서 내려왔는데 걔하고 나하고 같이 친구들이랑 공연을 관람하게 됐어요. 내가 "공연 같이 갈까?"라고 해서 같이 간 거예요. 근데 거기 가운데에서 드럼 치는 사람이 엄청 잘생겼더라고요. 그래서 "저 사람 잘생겼다." 이러니까, 말이 떨어지기 바쁘게 뭐라고 하냐면 "저 사람이 자기를 안다." 이러는 거예요. "언니가 평양에서 산다"면서 "그 집에 갔을 때 봤다."고 구라를 치는 거죠. 그러면서 깔깔대고 막 이렇게 웃는 거예요. 그런데 그게 저는 웃겨 죽겠거든요. 거짓말인 줄 아니까, 그 친구가 무슨 말을 해도 장난인 줄 아니까 친구 하기는 딱 재밌죠. (웃음) 그런 쪽으로 끼도 있고 호기심도 많고 어릴 때 담배 사건도 있고. 어쨌든 그 친구는 그냥 그런 쪽으로 발달한 거죠.

람: 여기 와서 만나면 재밌고 좋겠어요.

박: 여기서 만나면 진짜 재밌겠죠. 얘는 거기 북한 속으로 완전히 들어간 거예요. 여기 오기 전에 우리 집에 와서 담배도 피우고 술도 마시고 했는데, 우리 애 아빠한테는 "꽁아리, 꽁아리"라고 부르고 했죠. 그런데 그 친구는 남한에 오지 않을 거예요. 내 생각에는 그래요. 거기서 잘 사는데 뭐 하러 여기 와요.

람: 알겠습니다. 친구분 얘기지만 재밌게 잘 들었습니다. 북한에서 쉽지 않은 경험이었을 텐데, 솔직하게 인터뷰를 해주셔서 감사합니다.

2부 + 보너스 트랙[1]

람: 이 여자분은 북한에서 산림과학 쪽 연구원이었어요. 한국으로 치자면 정부 출연기관 같은 곳인데, 그곳에서 22년 일하셨어요. 그런데 한 기자님 전화 받고 다시 그분의 이야기를 하게 됐네요. 이 여자분의 여자 친구가 8살 연상인 분과 사랑을 집에서 나눴다는 거예요. 그것을 목격한 옆집 사람이 보위부에 신고해서 잡혀갔다는 거예요. 1988년도 얘기예요. 인민반장이 "이게 말이 되냐?" 이러면서 이슈가 된 거죠. 그 마을에서 결국에는 구류장에 잡혀 들어가 있다가 인맥으로 빠져나온 거예요. 1988년도 혜산에서 연구원이었죠. 그런데 그분이 그러더라고요. 정확히 성소수자로서의 성관계냐 아니면 그렇지 않냐의 진위 여부를 따질 길은 없다는 거죠. 단지 여자끼리 옷을 벗고 누워서 마치 성행위 하는 듯한 모습으로 있었다는 거죠. 그것을 봤다는 것은 사실이라고 했어요.

한: 그렇군요.

람: 어쨌든 제가 인터뷰한 분은 당사자의 친구이자 베프였기도 해요. 원래 잡혀가신 분이 인터뷰이의 오빠를 좋아했었는데 오빠가 그 사람을 싫어했다고 해요. 이후 그녀는 방황하다가 연상의 한 여성을 만나게 된 거죠.

한: 그러니까 원래는 이성애자인데 방황하는 사람이었다는 건가요?

람: 이성이나 동성 같은 개념 자체는 없었던 거 같아요. 어쨌든 여자 둘이 벗고 누워 있었던 거를 주민들이 봤고, 그래서 인민반장을 불러왔고 이후 잡혀 들어갔다는 거죠. 실제로 성소수자냐 이런 개념 자체는 아예 없던 걸로 이해됩니다. 1988년이면 옛날이잖아요.

한: 맞아요. 올림픽 때.

람: 그러니까 옛날부터 이런 사건이 북한에 있기는 했다는 정도예요. 이와 연

---

1 2부 인터뷰 후, 전주람은 한 기자와 개별적으로 만나 혜산 사례에 관해 자유롭게 이야기를 나누었다. 그 기록을 2부에 덧대어 기록한다.

관되는 단어가 '자기(self)'예요. 그러니까 성소수자도 그렇고 자기에 대한 어떤 관심이나 욕구가 있는 것에 대한 반영인 것 같거든요. 제가 셀프케어, 자기돌봄에 대해 연구할 때도 그런 걸 많이 느꼈거든요. 자기가 무엇을 좋아하고 뭘 하고 싶은지를 말하라고 하면 이에 대해 북에서 오신 분들은 초기에 답하기를 힘들어해요. 그러니까 북한에서 '자기'라는 단어 자체에 대한 개념이 서 있지 않다고 봐요. 정말 거기는 집단 체제 안에서 움직이기 때문에 개인의 욕구가 발현되지 못하겠죠. 일주일에 한 번씩 생활총화를 하면서 자아비판을 하는데, 오죽하겠습니까. 진짜 투명한 유리 박스 안에 갇힌 것처럼 살아야 하니 어떤 느낌이겠습니까. 슬픈 현실인 거죠. 성소수자도 사실은 인권이나 자기 욕구의 표현에서 보면 되게 중요한 특성이기도 하거든요. 그런데 북한에서는 이런 성향을 갖게 되면, 최근 몇몇 북한 청년들에게 물어봐도 '그냥 돌 맞아 죽는다.'라고 그래요. 그런 개념 자체가 북한에는 없었다 해요. 한 친구는 북한 동성애에 관해 묻자, "저는 몰라요. 그런 거 못 들어봤어요."라고 하면서 딱 차단하더라고요. 그 질문이 불쾌감을 주는 것처럼 느껴졌나 봐요. 윤리적으로 허용되지 않은 짓거리니까 말하지 말라는 느낌이랄까요. 북한에서 얼마 전에 넘어온 애들이 인식할 때도 그런 생각이 드는 거죠. 거긴 사춘기, 갱년기라는 말이 없대요. 그런데 한국에 오니까 사춘기, 갱년기, 권태기 등등 너무 복잡한 개념을 많이 쓴다는 거죠. 왜 이렇게 복잡하냐는 거죠.

임: 사춘기를 북에서는 성장기라고 해요. 성장기는 보통 중학교 4학년 때 온다고 하거든요. 북한에서는 중학교가 6년제예요. 사춘기 기간은 성장기라고 하고, 갱년기는 북한에서 폐경기라고 그래요. 그래서 폐경 시기에 여자들이 예민하다고 해요. 개념이 다르지만 비슷해요. 여기처럼 무슨 기, 무슨 기 하면서 그 시기를 심각하게 받아들이지만, 한국처럼 요란하지는 않아요.

람: 그게 생활 전반에 연결이 되는 것 같아요. 예를 들어 아이 교육을 보면, '북에서는 애 낳아서 잘 키웠고 아무 문제 없었다, 근데 여기 오니까 어느 유치원을 보내야 하고 뭐를 가르쳐야 하고 너무 디테일하다, 그래서 너무 피곤하다'는 말씀을 되게 많이 하시더라고요. 북한에서는 일상의 모든 면이 너무 즐거웠다고 하더라고요. 몸은 힘들어도 직장에 가면 즐거웠다는 거죠.

근데 여기 와서는 다르다는 거죠. 남들 부러워하는 사무직에 앉아 편히 있는데도 남한 인간들은 앞뒤의 말이 다르다고 하더라고요. 뒤에서는 얼굴이 달아올라서 말을 하면서도 앞에서는 말을 빙빙 돌려서 한다고 하더라고요. 그냥 직설적으로 싫으면 싫다 좋으면 좋다고 얘기를 해야 하는데, 말을 빙빙 돌려서 하니까 못 알아듣겠다고 몇 분들이 자주 말씀하세요.

임: 다양성을 인정하는 범위 자체가 다르니까 어쩔 수 없죠. 우리는 누군가를 차별하지 않잖아요. 북한은 차이를 인정하지 않고 차별을 해도 된다는 사회예요. 윤리적이냐 비윤리적이냐 이런 걸 따지자는 건데, 우리 한국은 차이를 인정하는 사회거든요. 그야말로 사회주의 국가와 민주주의 국가의 차이인 거죠. 차이와 차별과 다양성의 인정 범위가 완전히 다른 거예요. 한국은 너무나도 디테일하게 파티션이 많잖아요. 근데 거기는 그렇지 않잖아요. 큰 틀에서 움직이잖아요. 우리는 다양한 루트를 통해서 어떤 일을 하는데, 그곳은 그런 다양성과 허용이 불가능하잖아요. 그런 차이인 거죠.

람: 탈북한 한 아주머니가 그러던데, 한번은 병원에 갔대요. 그런데 그곳에서 수술하라고 그러는데, 가족끼리 상의해서 a 옵션, b 옵션, c 옵션 중에 뭐를 할 건지 정하라고 했다는 거죠. 북한에서는 의사가 알아서 그냥 수술한대요. 그런데 여기서는 상의하라고 하고, 또 뭐를 하라고 하고, 그러면서 피를 다섯 통이나 뽑아갔는데 하더라고요. 처음에는 피를 하도 많이 뽑기에, 피 팔아먹는 줄 알았다고 하더라고요. 다시 말해서 한국은 너무 복잡하다는 거예요. 그리고 의외인 것은 북한에서 오신 분들한테 자기소개를 하라고 하면 어려워해요.

한: 자기소개가 왜 어렵게 느껴질까요?

임: 북한에서는 조직의 수장이 자기소개를 해요. 그리고 본인은 간단하게 인사만 하죠. "안녕하세요. 저는 누구입니다. 수고하십니다." 이 정도요. 그쪽은 공동의 개념이 강하고 우리는 개인의 개념이 강한 거잖아요. 그러니까 그렇죠.

곽: 맞아요. 우리나라가 너무 세세한 것까지 따지기는 해요. 하다못해 피자 한 판을 주문한다고 생각해 봐요. 토핑은 어떻게 할 거냐? 소스는 뭐냐? 이것

저것 다 소비자한테 맞춰주려 하잖아요. 서브웨이 같은 경우는 빵과 안에 들어가는 샐러드 등등, 모든 것을 내가 스스로 결정해야 돼요. 그러니까 한 편으로는 번거로운 면이 있어요. 또 그런 용어들이 대체적으로 영어인 경우도 많아요. 그냥 '양파'라고 하면 될 것을 굳이 '어니언'이라고 할 필요가 있을까 싶네요. 좀 과하기는 해요. 우리나라가.

람: 북에서 온 여학생들이 이러는데, 남한에서는 화장품이 10개가 넘는 것을 보고 놀랐다고 하더라고요. 북한에서는 딱 한 가지를 쓴다고 하더라고요.

곽: 최인훈의 『광장』에 나온 '광장'과 '밀실'의 문제인 것처럼 북한 사회가 약간 밀실화되어 있죠. 우리는 광장으로 나온 사람들처럼 열린 사회에 있는 것이고요. 그런 차이가 있지 않을까 싶습니다.

람: 그런데 어떤 면에서는 북에서 오신 분들 만나면 정이 많고 끈끈한 느낌이 들고 그래요. 한국의 1980년대 느낌이 있어요. 그런 문화가 개인적으로 그립기도 하거든요. 그렇다 보니까 이렇게 인터뷰할 때마다 옛날이 그립다는 생각도 들어요. 약간 정겹다고 할까요.

한: 〈사랑의 불시착〉 보면서 그런 생각 많이 했어요. 혹시 〈사랑의 불시착〉 보셨어요?

곽: 제가 드라마는 잘 모릅니다. 죄송해요. (웃음)

한: 그 드라마가 스토리도 재밌어요. 근데 교수님 앞에서 좀 민망하지만, 저도 북한분을 취재하는 기자라서 그런지, 그 드라마 보면서 북한을 많이 이해했어요. '공동체는 저렇게 굴러가는구나.'라는 걸 이해했죠. 물론 드라마가 현실을 100% 반영하는 것은 아니지만요. 생각했던 것이 시각화돼서 눈에 들어오니까 좋더라고요.

람: 시각적으로 보여주니까 생생하게 다가오는 느낌이 있어요.

한: 맞아요.

람: 북한에서 온 친구들이 대학교 갈 때 도시락 싸서 자기네들끼리 먹는다고 하더라고요. 반찬, 밥, 국을 다 같이 먹는다고 하더라고요. 그러니까 모든

먹을 것을 펼쳐놓고, 공유하면서 먹는다는 거죠. 같이 먹는 것은 좋은데, 국 하나에다 각자의 숟가락을 담그는 것은 좀 그렇지 않나요? 지금 MZ세대는 또 다르겠지만요.

임: 그런 것에 대해서 거부하지는 않아요.

람: 맞아요. 사실 우리도 앞접시 쓴 지가 얼마 안 됐잖아요.

임: 맞아요, 오히려 그걸 거부하면 왕따당하는 느낌이겠죠.

한: 재밌네요. 감사합니다.

제3부

언니들의 은밀한 놀이

(혜산 출신, 고 3, 여성,
대학 입학 예정, 2019년 입남)

인터뷰 일시: 2024년 8월 6일, BBC KOREA 녹음실
인터뷰어: 한상미 기자(이하, '한')
인터뷰이: 설미솔(가명, 이하 '설')
동석 인터뷰이: 전주람(이하 '전')
내용 구성 및 정리: 곽상인

〈인터뷰이 소개〉

2019년에 한국 왔어요. 엄마가 먼저 오셨기 때문에요. 엄마도 보고 싶고, 또 양어머니도 좋은 나라에 가서 살라고 하셨거든요. 북한에서 온갖 고생을 했어요. 학교도 못 다니고 일만 했죠. 팔 수 있는 건 다 팔아봤던 거 같아요. 거머리까지. 늘 학교에 다니고 싶었어요. 늘 외로웠고요. 한국에 오니까 엄마가 있어 좋은데 여전히 공부밖에 관심이 없어요. 한국 엄마들처럼 무슨 정서 코칭이다 뭐다 그런 거 전혀 없죠. 혼자 다 해나가야 하는 분위기인데요.
그래도 이번에 대학교 세 곳에서 면접 봤어요. 곧 좋은 소식 있겠죠? 꿈에 그리던 대학에 입학하면 스킨스쿠버도 해보고 싶어요. 여러 해외에 다녀보고 싶죠. 돈이 문제겠지만요. 그래도 동아리 같은 데 들면 여러 기회가 있다고들 하더라고요. 여기 오자마자 일반학교 가서 너무 힘들었고, 공부 따라잡느라고 지쳤거든요. 저에게도 쉴 날들이 오겠죠? 성소수자? 이런 거 잘 모르는데, 그냥 제가 어렸을 때 경험했던 거 말씀드려 볼게요.

설: 8살 때였나? 언니들 집이었어요. 어른들은 없었고요. 언니들이 "너는 그냥 여느 때처럼 여기서 풀 찍고 거기서 풀로 요리하면 된다."라고 했거든요. 보통 여름이었던 것 같긴 한데. 저 없을 때도 언니들이 좀 모여서 그런 걸 했던 것 같긴 해요. 왜냐하면 언니 집이 굉장히 좀 가까웠어요. 언니 집 뒤쪽이 저희 집이었거든요. 아무튼 그 골목인데 뒤쪽으로 가면 거의 보이거나 집에서 나는 소리가 좀 들려요. 그때 언니들이 뭐라고 해야 될까요? 성소수자라는 단어를 몰랐을 것인데, 아무튼 좀 성행위 같은 것들도 했어요. 어렸을 때지만 저는 그걸 하면 안 된다는 것들도 알았죠. 어른들한테 말하면 안 된다는 것도 알았고요. 그래서 항상 문도 잠그고 커튼도 치고 조용조용 언니들이랑 얘기했었어요.

한: 그러면 그때 그 언니들의 나이는 어떻게 돼요?

설: 언니들의 나이가 여기로 말하면 중학교 나이이거나 아니면 초등학교 6학년 정도였던 것 같아요. 많게는 중학교 3학년까지요. 그 사이였던 것 같아요. 나이대가 동갑은 아니었는데 조금씩 차이가 있긴 했어요. 언니들이 거기에서 애들 데려다가 놀았거든요. 근데 그런 애들은 뭔가 입도 무겁고 또 눈치도 빨라서, 다른 사람들이 물어보면 그런 거 잘 모른다고 했어요. 근데 저는 눈치가 없어서 본 것을 말하고 다녔거든요. 얘기 안 하는 애들도 있었는데. 저는 한 번 갔는데, 제가 눈치가 없었어요. 어렸을 적에 그래가지고 한 번 간 이후로는 같이 안 놀았어요. 본 것을 다른 사람들한테 다 얘기하고 다닌다고 언니들이 저를 싫어했어요. (웃음)

전: 언제쯤이죠?

설: 제가 지금 20살이니까, 이게 다 2000~2010년 정도에 일어난 일들인 거예요. 아마 어른들은 아예 모르실걸요. 어른들은 '북한에도 그런 게 있나?' 싶을 거예요. 그런데 좀 깊숙하게 들어가면 애들끼리 노는데 별게 다 있어요. 북한에도 마약 하는 사람들도 있어요. 카드 게임도 해요. 입술에 카드를 붙여가지고 노는 게 있거든요. 그런 게임을 거기서도 해요. 드라마 보고 하는 것 같긴 해요. 커플이 나오거나 어두운 데 가거나 어른들이 모르는 곳에 가거나 하면, 사춘기 아이들이나 청소년들 사이에서 그런 게임을 좀 하더라고요.

한: 이런 것도 너무 재밌어요. 근데 남자들끼리도 하나요?

설: 이성끼리 하죠. 그러니까 이게 카드 게임인데, 남자 여자 역할을 정해서 하는 것 같긴 했어요.

전: 그렇게 하다 걸린 사람 있어요?

설: 제가 봤던 사람 중에 걸린 사람은 없어요.

한: 만약 동성애 하다 걸리면 어떻게 될까요?

설: 걸리면 뭐 무기징역이나 공개 처형당할 겁니다. 이런 게 있다는 인식 자체

를 없애려고 할 거니까 아마도 그냥 다른 죄를 씌워서 처형할 것 같아요. 왜냐하면 박사님도 아시다시피, 예를 들어서 이게 컵인 걸 몰랐을 때는 상관 없는데, 컵이라는 걸 알게 된 이후부터는 여기에 뭔가를 담아서 먹잖아요. 동성애라는 것도 그렇죠. 그런 게 있다는 걸 알게 된 후부터는 사람들이 예전에는 우정이라고 생각했던 것들을 다시 한번 생각하게 되는 거죠. 그래서 다른 죄목을 씌워서 처형시킬 수도 있는 것 같아요. '여자가 여자를 좋아할 수도 있네.'라고 사람들이 생각하면 궁금하니까 그렇게 해볼 수도 있거든요. '남자가 남자를 좋아할 수도 있고, 여자가 여자를 좋아할 수도 있다'는 것은 '남조선 드라마를 봤다'는 죄목을 씌워서 처형당할 수 있어요. '남한 드라마를 봤기 때문에 저런 행동을 한다'고 생각하거든요. 이런 죄목을 쓰게 되면 보통은 가족이나 가까운 친척 정도는 살짝 알 수도 있을 거예요. 보통 어른들끼리 얘기하다 보면 비밀 같은 것도 나와요. 보통 어른들이 드라마 본 것을 얘기하면 애들이 그것을 주워듣고 애들 세상에서 막 하는 거거든요. 그러다 보면 파장이 커질 수도 있잖아요. 근데 저는 잡힌 사람 못 본 것 같긴 해요. 남한 노래 부르고 남한에서 하는 술 게임 있잖아요. 여기 맥주병처럼 생긴 게 있긴 한데 거기는 맥주보다는 약간 사이다 같은 탄산이 들어 있거든요. 그거로 게임하다가 걸려가지고 혼나고 그랬어요. 카드 게임도 마찬가지(남자 여자 역할극)고요. 그런데 북한에서 연애하면 좀 안 좋게 보는 경향이 있어요.

한: 남녀 사이의 연애도?

설: 아마 저희가 10대여서 그런 걸 수도 있어요. 20대는 그렇지 않아요. '남자 친구' '여자 친구'보다는 '애인'이란 말을 더 많이 쓰거든요. 그런데 10대가 연애하는 거를 안 좋게 봐요. 어린 것들이 벌써부터 그런다고 약간 그래요. 그래서 애들이 숨어서 더 하는 거예요. 숨어서 더 나쁘고 더 그런 걸 하거든요.

전: 그건 한국도 마찬가지인 것 같기는 한데요. 거기서 몇몇 청년들은 창고 많이 갔다고 하더라고요.

설: 창고요? 창고도 맞긴 한데 보통 연애하는 애들은 밤에 다들 활동하더라고

요. 거기 산이 있거든요. 저희 집 앞에도 산이 있는데, 많이 올라가야 해요. 높은데도 산에 올라가는 애들도 많이 봤어요. 또 제가 직업 특성상 아침에 나갔다가 저녁때쯤에 먹을 거 사서 오는데, 골목 장사하시는 분들 대상으로 판매하다 보니까 많이 보는 거예요. 남녀가 좀 구석진 곳에서 손잡고 있고 다정하게 말도 하다가 사람들 오면 슬쩍 떨어져 있고 그러거든요. 그게 다 보이거든요. 안 보고 싶어도 다 보여요. 그게 너무 의외로 많더라고요. 옛날에 집에서 학교 다닐 땐 몰랐는데 돌아다니다 보니까 많더라고요.

한: 근데 한국하고 비슷한 면도 있어요. 한국 10대들도 사실 따지자면 공부해야지 무슨 연애예요. 약간 이런 시선이 있는 것도 많죠. 근데 또 사춘기니까 그럴 수 있겠죠. 동성연애는 어때요?

설: 그런 게 있다는 걸 알면 다들 좀 뭔가 생각이 달라질 수도 있겠죠. 왜냐하면 북한에는 그런 게 자체가 아예 없으니까요. 남자와 여자만이 사랑할 수 있다는 개념만이 아예 박혀 있어요. 여자와 여자끼리 사랑할 수 있다는 그 자체가 아예 없어요. 그렇기 때문에 언니들이 어떻게 그렇게 했는지는 잘 모르겠어요. 지금 생각해 보면 약간 미스터리긴 해요. 한쪽 사람을 남자로 정해 두고 했는지 아니면 그냥 했는지 모르겠어요. 저랑 놀았던 언니들은 다들 문을 다 걸어 잠그고 커튼도 닫고 불도 되게 어둡게 해요. 왜냐하면 거기는 창문이 대부분 크거든요. 그래서 커튼을 쳐도 실내가 보여요. 근데 그냥 누워서 하더라고요. 누워서 하는 게 맞긴 한가? 근데 이불을 뒤집어쓰고 우리는 언니들이 밥 만들어 놓은 거 먹고 그랬어요. 언니들은 옷도 벗고 이불 뒤집어쓰고 있고요. 우린 저녁 먹으면서 내일은 뭐 하고 놀지를 말하고 그랬어요. 말도 작게 하고요. 크게 말하면 다 들린다고 조용히 하라고 해서요.

전: 걸리면 안 되니까 그랬겠죠. 그럼 남자 역할이 있나요?

설: 있었던 것 같긴 해요. 소꿉놀이처럼 아빠 엄마 역할이 있잖아요. 그 언니는 계속 아빠 역할을 했던 것 같은데요. 보통 역할이 많이 바뀌고, 또 서로 자기가 하고 싶은 역할을 하는데, 그 언니는 계속 아빠 역할만 했던 것 같아요.

전: 그 모습이 당시 어떻게 보였어요? 언니들 노는 게?

설: 저는 그 당시에 생각이 없었어요. 그냥 놀이라고만 생각했어요. 그런 게 있구나 싶었어요.

전: '저거 잘못된 거야. 나쁜 거야.'라는 개념은 없었어요?

설: 그런 것도 몰랐어요. 그냥 '놀이구나. 재밌다. 남자애들이 없으니까 오히려 좋네.'라고 생각했죠. 보통 남자애들 있으면 싸움 나고 주먹으로 막 패고 이러는데, 여자들끼리니까 말하기도 좋고 좀 편하긴 했어요. 그리고 애들이 어른들보다 좀 더 한 것 같아요. 12살에서 15살 나이 때 애들이 사춘기여서 그런가, 북한에서 그냥 남자애들이 여자애들 집에 가서 놀아도 어른들이 뭐 딱히 뭐라고 말을 안 했거든요. 왜냐하면 다 그러고 놀았으니까요. 한번은 이런 일도 있었어요. 저랑 동갑인 애랑 저희 집에서 같이 숙제할 때였는데, 북한에서는 집에 마당이 있으면 그냥 땅을 파서 화장실처럼 쓰거든요. 동갑 남자애가 소변보러 나왔어요. 근데 그때 한 13살인가 14살 정도 되는 어떤 오빠가 그거 보고서 소문을 낸 거예요. 저랑 그 남자애랑 막 잤다고 그랬어요. 그 당시 제 나이가 8살밖에 안 됐는데 그랬어요. 근데 악의적인 소문 같은 거는 애들이 더 잘 내요. 애들이 제일 독한 것 같아요. 어떤 애들이 저한테 막 "걸레 같다."고 했어요. 이런 말도 많이 들었고, 당시에는 그게 무슨 말인지 몰랐는데 나중에 나쁜 말인 걸 알게 됐어요. 지금 생각해 보면 그런 말을 과연 어디서 배워서 사용했는지 알 수가 없어요. 보통 어른들이 이렇게 모여 앉아서 얘기하실 때 '걸레 같은 여자다.' 막 이런 얘기를 할 때가 있어요. 그런데 그 말을 애들이 나한테 사용한 것을 보면 좋은 의미는 아니겠다는 생각이 든 거죠. 근데 8살짜리한테 왜 그렇게 나쁜 소문을 냈는지 모르겠는데, 그다음부터 그 오빠랑 사이가 계속 안 좋았어요. 그래서인지 어렸을 때부터 항상 저 괴롭혔어요. 왠지 모르겠어요. 막 그런 소문도 내고 남의 집에 들어와서 훔쳐본 것을 다른 사람한테 얘기하면 애들이 그걸 또 믿어요. 북한에서는 교육에 성교육 같은 게 아예 없거든요. 그래서 좀 뭔가 문제가 많은 것 같아요. 시골 같은 데서 남자가 여자애들을 막 성추행하고 하는 것이 많았어요. 나이 많은 10대가 20대 중반인 여자애들을 막 강간도 하고 그랬어요. 거기는 이런 게 뉴스로 나오지 않잖아요. 입을 통해서 번지는 게 많았어요. 강간해서 여자가 임신했다는 얘기도 있었고, 낙태도 많

았거든요. 북한에는 낙태가 진짜 많아요. 낙태해 주는 사람들도 있고요. 낙태하다가 여자애가 죽었다는 얘기도 있고요. 좀 무서운 얘기들이죠. 그런 얘기가 많았는데도 어른들은 '이것은 이렇게 해야 한다, 저것은 저렇게 해야 한다, 위생도 지켜야 된다.' 이런 가르침을 안 주니까 마음 맞는 애들끼리 예쁘게 연애하고 그랬죠.

전: 예전에 연애 연구할 때 물어보니까 '친하다'가 사귀는 거라고 하던데요?

설: 그런 감도 아니에요. 약간 애들끼리 그 뭔가가 있었어요. 예를 들어서 어떤 오빠가 "너 나랑 그런 거 할래?" 했는데 "나, 오빠 싫다."라고 하면 계속 쫓아다니면서 못살게 하고 그러거든요. 되게 예쁜 여자아이가 있었는데 오빠가 막 괴롭히고 밤에 걔 혼자 다니면 따라다니고 해서 힘들어했어요. 이런 게 스토킹이잖아요. 그래서 걔가 한동안 저녁에 집 밖으로 잘 안 나가고 그랬어요. 근데 아마 어른들은 대부분 잘 모르더래요. 왜냐하면 애들이 그걸 조금 숨겨요. 어른들한테는 혼날 걸 알아서 그래요. 분명 여자의 잘못도 아니잖아요. 남자애가 좋다고 해서 자기 혼자 따라다니는 거잖아요. 근데 숨겨요. 왜냐하면 보통 북한은 남존여비사상이 좀 강해서 그래요. 여자애들을 좀 혼내고 그러거든요. 성교육이 아예 없고, 애들도 그런 부분에 무지라서 나타나는 현상이라고 봐야죠. 애들끼리 일어난 일은 그냥 애들끼리 덮어버리니까요. 왜냐하면 10대 중반인 애가 피해자인데 언니들이 "조용히 해. 너 말하면 안 돼. 우리가 혼낼 거야." 이러면 그 애는 입을 다물어야 되잖아요. 어른들한테 말해 봤자 혼날 거니까요. 그때도 제가 봤는데 낮이었거든요. 언니들이 옷도 조금씩 벗고 그랬어요. 나시(민소매) 같은 옷 있잖아요. 그런 것들로 입고 드라마 속에 나오는 것처럼 연기 비슷하게 하는 걸 봤어요. 약간 애교도 막 부리면서 역할놀이를 진심으로 몰입해서 하는 거예요. 근데 나무로 된 문이다 보니까 그게 보이거든요. '아, 저렇게 노는구나. 나 빼고 자기들끼리 저렇게 노는구나.' 그랬죠. 지금 생각해 보면 안 끼워줄 만했네요. 어른들이 물어보면 제가 다 말하니까요.

전: 그랬군요.

설: 그땐 여름이고 낮이었는데, 언니들이 뭘 하고 놀았는지 모르지만, 아무튼

옷을 주워 입더라고요.

한: 저도 고등학교 때 체육 잘하고 머리 짧은 여자애가 있었거든요. 여자들 사이에서는 그런 여자애가 인기가 좋았거든요.

전: 맞아요. 보이시한 여자애들.

설: 제 친구 말 들어봤는데, 지금도 여고에 레즈비언이 있다고 하더라고요.

전: 그렇죠.

설: 제 친구는 실제 진짜 레즈비언이에요.

전: 여기 애들은 많을 수도 있죠. 북한에서 주로 어떻게 놀았던 기억이 있어요?

설: 여름에 더우니까 보통 집에서 바가지에 물을 담아가지고 서로 뿌리면서 놀고 하거든요. 사람이 온다고 해서 굳이 옷을 입거나 그러지 않았거든요. 근데 제가 가니까 숨기도 하고 옷을 주워 들고 입고 그랬어요. 그때 제가 "왜 나만 빼고 놀아?" 이렇게 말했던 적이 있어요. 그랬는데, 언니들이 저보고 막 가라고 했어요. 크게 화내면 또 주변에 들리잖아요. 그러면 어른들이 오거든요. 그 정도로 화낼 건 아닌데, 뭔지 아시죠? 눈가에 힘 줘가지고 "가라고." 이런 느낌으로 말해서, 혼자 집에 와서 막 울었어요.

전: 그러면 지금은 동성애나 성소수자를 어떻게 생각해요?

설: 저는 완전 열린 마인드라 딱히 신경 안 써요. 저희 엄마가 맨날 저한테 물으시는데, "너는 분명 나랑 같이 북한에서 왔는데, 넌 어떻게 나사 하나 빠진 거 같냐? 어떻게 그런 거를 이해해?" 그러세요. 저는 '그럴 수 있지, 다 그럴 수 있지.'라고 생각해요.

한: 그렇군요. 세대별로 차이가 나는 거죠. 만약에 북한에서 온 친구들이 여자를 좋아한다면 성향을 탈북 커뮤니티 안에 털어놓을 수 있을까요?

설: 저는 탈북 커뮤니티 안에 없거든요. 근데 털어놓으려는 경우가 거의 없다고 봐야죠. 북한은 환경이 척박하다 보니까 사람들이 이기적이지 않은 사람들도 많아요. 보통 먹을 게 없으면 자기 집에 먹을 거 갖다주고, 집이 추우면 잠도 재워주는 사람들도 많아요. 그런 사람들은 보통 거기서 살고요.

여기 대한민국에 온 사람들은 정말로 먹을 게 없어서 온 사람들이거나, 완전 똑똑해서 온 사람들일 거예요. 그런 사람들은 좀 다르거든요. 그래서 저는 탈북 커뮤니티 같은 곳을 잘 안 들어가요. 얘기하면 다른 분들이 "왜 저런 말을 하는 거지?"라는 반응이 있을 수도 있어요. 그리고 사실 탈북민끼리 서로 왕래를 안 하거든요. 알아서 좋을 게 없어요.

전: 그러니까 좋지 않다는 게 뭐예요?

설: 탈북민끼리 서로 알아서 좋을 게 없어요. 알다 보면 자기도 모르게 그 사람의 치부나 부정적인 것들을 알게 되고 그래요. 전에 살았던 곳에서 무슨 일이 있었는지도 알 수도 있어요. 그런데 굳이 알려고 하지 않아요. 저는 뭐 알아도 상관없긴 해요. 저는 10대나 20대들이랑 친해서 밥도 같이 먹고 놀기도 하고 그래요. "우리, 같은 대학에 썼으니까 붙으면 같이 다니면 되겠다."고 하는데 어른들은 "북한에서 온 분들이랑 굳이 어울리지 않는다. 굳이 찾아서 고향 사람이니까 친구 하자고 안 한다."고 해요. 북한에서 얼굴을 알던 사이가 아닌 이상은 모른 척해요.

전: 그래요?

설: 저희 부모님도 마찬가지거든요. 저희 엄마도 거기서 친하게 지냈던 사람 외에는 굳이 알아가려고 하질 않아요. 알던 사람은 알고 있으니까 친하게 지내지만, 새로운 사람을 알아가려고 하지 않아요.

한: 만약에 제가 북한에서 왔는데, 제가 여자지만 여자를 좋아한다는 것을 탈북민들한테 공개하지는 않겠죠?

설: 절대 안 하죠. 완전 친한 사람이라면 할 수 있긴 할 거예요. 어리거나 새로운 생각을 빠르게 받아들이는 사람들한테는 말하겠죠. 대부분 10대 후반이거나 20대 초반이라면요. 그런데 고정관념에 박혀버린 분들한테 그런 얘기를 하면, 아무리 친하다고 해도 좀 멀리하지 않을까 싶네요. 성 정체성을 공개한 사람이 자기를 좋아할 수도 있다고 생각할 가능성이 있는 거죠. 근데 우리가 남자를 좋아한다고 해서 모든 남자를 본다고 환장하는 게 아니잖아요. 그런 점에서 보면 모든 여자를 다 좋아하는 게 아닌데도 그런 얘

기를 들으면 "너, 나도 좋아한 건 아니지?" 이럴 수 있잖아요. 저는 친구가 "나 여자 좋아해."라고 하면 "그럴 수 있지."라고 할 거예요. 이게 끝이에요. 그런데 보통 어른들은 그것을 받아들이기 어려운 것 같아요.

한: 만약에 소문이 났다면 같은 탈북자인데도 서로를 약간 비난하겠죠? 아무래도 북한에서는 동성을 좋아하는 것을 인정하지 않는 거니까요.

설: 그런 걸 받아들이지 못하시는 분들이 대부분이죠. 또 남 얘기하는 걸 좋아하시는 분들은 비난 정도가 아니라 헐뜯지 않을까요. "저게 사람 맞나? 어떻게 여자가 여자 좋아하냐?" 그러면서 헐뜯겠죠. 너덜너덜하도록. 저는 왕래를 잘 안 하는데, 보통 북한에는 정이 넘치고 좋은 분들이 많이 계시거든요. 근데 여기 온 사람들은 살려고 온 거니까 비교적 더 이기적이고 자기 이득을 챙기는 사람들이 많아요. 그런 어른들이 많이 와요. 근데 그중에서도 남 얘기하는 거 좋아하고, 그런 분들이 좀 많아요. 제가 아는 분들은 다들 처음 본 탈북인들이랑 굳이 왕래를 안 해요. 이미 알게 된 사람이면 어쩔 수 없는데 다들 좋은 꼴을 못 보더라고요. 사기당한 사람들도 있고 아까 말씀하신 것처럼 신고하고 남 잘되는 꼴을 절대 못 봐요. 왜 그런지 모르겠는데 질투가 많아서 그런 것 같아요. 그냥 진짜 친한 사람들 외에는 왕래하는 사람이 없어요. 진짜 친해서 "나, 언니 집 가서 자도 돼?" 이러고, "언니 없는 동안 나 거기서 조금 있을게." 이럴 정도의 사람이 아니면 굳이 왕래를 안 해요. 직장에서도 좀 친한 사람들 아니면 왕래를 안 해요.

전: 맞아요. 미국에서도 한국인끼리 사기 치는 거 많잖아요.

설: 맞아요. 제가 탈북 커뮤니티에 가입했었나? 기억은 잘 안 나지만 거기에 사기꾼 명단이 있어요. 그 커뮤니티는 진짜로 실명제예요. 그래서 이름, 고향, 어느 마을에서 언제까지 살았는지, 전화번호, 이력, 누구에게서 얼마를 사기를 쳤는지 등등을 다 공개해요. 그리고 '조심하기 바람.' 이렇게 써요. 진짜 많아요.

전: 실명으로 완전 매장하는 거네요.

설: 저도 보고 놀랐어요. 북한에서는 가해자다 싶으면 거의 매장을 시켜버려

요. 진짜 사회적으로 매장을 시키기 때문에 조심해야 해요. 자주 올라와요. 성별, 이름, 나이, 고향, 언제 탈북했고, 전화번호는 뭐고, 어떤 직업인지, 언제 어디로 이사를 했는지까지 다 올라오거든요.

전: 아, 서로 피하고 경계하고 그런 게 있나 봐요.

설: 제가 살던 곳에 아는 사기꾼이 2명 정도 있었는데 한 명은 말을 엄청 잘해요. 사람들이 사기꾼인 거 다 알아요. 온 동네 사람들이 다 아는데도 사기를 당해요. 언변이 너무 뛰어나가지고요. 사람들이 '○○집 딸이 사기꾼이더라.'라는 걸 알고도 당해요. 그 사기꾼은 '지나가는 돈도 내 돈, 내 돈도 내 돈, 남의 돈도 내가 갖고 싶다면 내 돈'이라 생각하는 거죠.

한: 진짜 능력자네요. (웃음)

전: 그렇게 커뮤니티에 올라온 사람은 앞으로 어떻게 살아요?

설: 제가 알 바 아니죠. 그런 말 있잖아요. 남의 눈에서 눈물 나게 하면 본인 눈에서는 피눈물 흘린다고요. 남의 돈을 뺏었다면 곱게 살겠다는 생각 자체를 하지 말아야죠. 탈북 커뮤니티에 사람들 생각 자체가 다른 건지, 여기가 좀 너그러운지, 아니면 제가 너무 야박한 건지 모르겠는데, 저는 개인적으로 남의 돈을 사기 쳤다 그러면 곱게 살 생각을 하지 말아야 한다고 생각해요. 신상이 털려도 그냥 입 다물고 '죄송합니다.' 하고 있어야 돼요. 남의 돈을 털어먹었는데 신상 정도면 내놓을 생각을 해야죠. 그래야 피해자도 줄이고 사람들도 조심할 수 있어요. 그런 거 보면, 여기 대한민국이 조금 너그럽긴 하죠. 탈북인 커뮤니티에서 사기꾼이라고 소문나잖아요. 그러면 온 동네에 그냥 다 소문내버려요. 친척한테도 얘기해요. 그냥 다 소문내요. '저 집 딸 사기꾼이고, 누구 돈 얼마 해먹었고, 그래서 저 집이랑 이 집이랑 사이가 안 좋아. 그래서 이 집이랑 우리 집 사이가 안 좋잖아. 저 집이랑 편먹으면 안 돼.' 그래요. 보이지 않는 정치질을 진짜 엄청 많이 해요.

한: 그렇군요. 북에 있을 땐 어땠어요?

설: 인심 좋은 사람 중에 저희 동네 반장이 있었어요. 보안원이 저희 집에 와가지고 저녁에 불 꺼져 있어서, "안에 사람이 있는지 없는지 감시하라."고 반

장한테 시켰어요. 그때 반장이 저보고 하시는 말씀이 "이렇게 감시하는데 그냥 확 가버려. 가서 그냥 잘 살아." 그랬어요. 그때 저희 엄마는 "반장, 이런 얘기 해도 되는 거야?"라고 했어요. 그때 반장이 "나라에서 반장한테 돈을 주는 것도 아니고, 이것도 다 내 돈으로 운영하는 거야." 그러더라고요. 그리고 "그냥 가서 잘 살아." 이런 얘기도 막 하셨어요. 정 많은 사람들은 그랬어요. 그런데 보통 나이 드신 분들은 눈에 불 켜고 감시를 해요. 저희 고모네 옆집이었는데 그분은 제가 뒤뜰 나오면 같이 뒤뜰 나오고, 앞에 나오면 같이 앞에 나오고 그랬어요. 진짜 티 나게 감시하는 거예요. 할머니였어요. 제가 뭐 하는지 계속 보는 거예요. 내가 연예인도 아닌데, 너무 부담스럽게 쳐다보는 거예요. 어디 살겠어요?

한: 한국에 갈까 봐요?

설: 그런 거죠. 북한에서도 중국 가다 잡히는 거는 큰 문제가 아니지만, 한국 가다 잡히는 건 큰 문제예요. 그래서 "중국에서 잡혔다. 저 그냥 거기서 살려고 했어요." 이래야 죄가 가벼워져요. "저 한국 가려고 했어요." 하잖아요? 바로 공짜 노동력 아니면 "이참에 분위기 해이해졌는데 본보기로 공개 처형 한번 가봐야겠어." 그래요. 근데 제가 좀 돈이 많잖아요, 그러면 돈 낼 수 있으면 바로 풀어주죠. 이런 거 보면 거기가 진짜 썩은 자본주의라고 할 수 있죠. 제가 지금 코믹하게 풀어내서 웃기지만 진짜 거기 가서 돈 많은 남자랑 살잖아요. 탈북하다가 걸렸을 때 중국 남편이 돈을 트렁크에 담아서 주면, 중국에서는 그냥 놔줘요. 느슨하게 감시해 줘서 풀려나는 경우도 있어요. 그런데 또 웃기는 것은 그런 사람들이 생활총화에서 말을 한단 말이에요. 드라마 봤다고 광장에서 공개 처형한 적도 있어요. 근데 그 집이 좀 잘사는 집이면 달라요. 불법해도 돈이 얼마 있는지에 따라서 죄를 회피할 수 있는 가능성이 90%까지도 있어요. 그리고 사실 보안원 딸들이 남한 드라마를 제일 많이 봐요. 보안원 딸이 제 사촌 언니의 친구였는데 그 딸이 맨날 볼 거를 가져왔어요. 마약도 가져와요. 마약 가져와서 저보고 "같이 할래?" 이렇게 권유한 적도 있어요. 저는 그때 느낌상 하면 안 될 것 같아서 거절했죠. 근데 정말로 하지 말라는 거 다 하는 것 같아요. 마약 하지, 드라마 보지, 담배 피우지, 어쨌든 북한에서는 여자가 담배를 피운다고 하면 안

좋게 보거든요.

전: 북한 사람이 순진하다는 얘기도 많던데, 편견인가요?

설: 순수한 사람들이 많긴 해요. 지금도 보면 저 정도로 해가지고 여기 남한에서 살 수 있을까 싶은 사람들도 있어요. 대부분 순수한 편이죠. 북한 사람은 순수한 이미지를 많이 갖고 있어요. 보통 맞긴 해요. 말하면 말하는 대로 다 믿어서 맨날 사기당하거든요. 그런 사람들이 한 70%고 나머지 30%는 진짜 난 놈이라고 하죠. 그런 사람들은 다른 사람의 집에 돈이 많다 싶으면 바로 친해지려고 해요. 어떻게 뜯어먹을까? 진짜 이런 생각만 해요. 사람들이랑 연락도 안 하고 조용하게 지내는 사람들이 좀 순수한 사람들이죠. 물론 연락 많이 한다고 해서 안 순수하다는 건 아니에요. 친한 척 잘하는 사람들이 사기도 잘 치고 그래요. 친하게 지내다가 너무 어려운 사정을 듣고 돈을 빌려줬는데, 그 돈을 먹고 날았다는 사연이 좀 많아요. 그래서 그냥 외로워도 함부로 친하게 지내면 안 돼요. 돈 있는 냄새 맡으면 바로 와서 그냥 사기 치고 그래요. 대한민국은 사기에 관한 형량이 안 높더라고요. 여기 형량 듣고 진짜 뉴스 볼 때마다 놀라요. 자유민주주의인데 저렇게 낮은 형량이 말이 되나? 음주운전인데 초범이라고 감형이라니 그런 생각도 들어요. 초범이면 높여야지 왜 감형이에요? 형량을 더 때려야 하지, 초범이라는 건 두 번째도 있을 수 있다는 거잖아요. 사람을 쳐서 사고가 났는데, 초범이라서 감형입니까? 제 생각에는 "음주해서 제가 정신이 없었어요." 그러면 "정신이 없었으니까 가서 감옥에서 정신 차리고 오세요."라고 하는 게 맞는 것 같아요. 몇십 년 감옥에서 살다 와야 한다고 생각해요. 북한에서는 애들 죽이거나 이런 일이 생기잖아요. 바로 처형이에요. "아직 꽃이 피지도 않은 꽃봉오리인데 꽃 필 기회를 삭제했다."고 판단해요. 만약 어린애가 사람을 죽이잖아요. 그러면 그 애가 성인이 될 때까지 딱 기다리고 있다가 성인이 되면 바로 처형이에요. 성인 될 때까지 기다려서 처형시켜요. 어리니까 감형? 이런 거 없어요. 성인 될 때까지 행보가 어땠는지를 보고, 성인 될 때까지 행보가 별로다 그러면 처형이죠. 행보가 괜찮았으면? 무기징역 정도예요. 어렸을 때 누구 찔러서 죽였다? 어렸는데도 찌른다는 건 싹수가 노란 거잖아요. 이렇게 판단을 해요. 대한민국처럼 어리니까 봐준다는 것은 없

어요. 그렇게 안 해요. 어렸는데도 살인을 저지른 거면, 얘는 보통 애가 아니라 약간 사이코 기질이 있다고 판단하는 거죠. 성인이 되면 처형이거나 무기징역이에요. 딱 두 가지 선택지입니다.

한: 어렸을 때 잘못하면 자기의 미래가 정해져 있네요. 정말로.

설: 어렸을 때 사람 찔렀다면 이제 어떻게 하는지 봐요. 보통 거기 애들은 나름 착하게 살죠. 그리고 동네 경찰서 같은 데 가면 돈으로 해결하려고 해요. 돈이 많으니까 친 거라고 봐요. 그래서 "빨리 돈 내놔." 이렇게 한단 말이에요. 그러면 폭력을 쓴 집에서 알아서 "언제까지 내가 얼마 주겠다." 이런 거해요. 그리고 집에 남자 형제가 있으면 얘가 달라져요. 내 동생이 어디에서 맞고 왔다고 하면, 중학교 고등학교 친구들을 다 부르고 때린 애를 그냥 패요. 볼 때마다 패는 거예요. 좀 무서워요. 인정이 많고 인심도 좋고 하지만, 북한에서는 좀 폭력적인 애가 있거나 좀 나쁜 애가 있으면 진짜 두드려 패요. 다 같이 모여서 그렇게 해요. 이게 좋은 점도 있고 나쁜 점도 있는 것 같네요.

전: 그런 곳에서 살다가 두드려 패지 않은 곳에서 사니까 어때요? 표현이 좀 그런가?

설: 저는 나쁜 짓을 한 적이 없어서 딱히 상관없긴 해요. 그런데 그런 것 보면 좀 무서워요. 왜냐하면 저는 죄지을 일이 없어서 두드려 패는 데가 더 나은 것 같긴 해요. 칼 들고 막 위협하는데, 그것이 무기징역이 아닌 거잖아요. 시신을 트렁크에 넣어가지고 갔는데 형량이 너무 적고 그래요. 이게 말이 되느냐고요. 그거 보고 정말 놀랐어요. 사람이 사람을 죽였으면 목숨으로 갚을 생각을 해야지, 어떻게 두 발 뻗고 잘 생각을 하죠? 한국에 살면서 인식이 많이 변하긴 했어요.

한: 알겠습니다. 인터뷰하느라 고생하셨어요.

전: 모두 고생하셨어요. 감사합니다.

제4부

평양 기자 출신이 말하는
북한의 성소수자에
관한 의견

이 장에서는 유튜브 자료(https://www.youtube.com/watch?v=
VNr7IK9znkQ)를 토대로 평양 기자 출신 김○○이 말하는 성소
수자에 대한 내용을 질의응답식으로 재구성 및 정리하여 소개하고
자 한다.[1]

Q: 북한에도 동성애자가 있습니까?

A: 북한에는 공식적으로 동성애자가 없습니다. 법적·제도적으로도 동성애자가
없어야 하는 것이 바로 북한입니다. 그러나 북한에도 분명히 동성애자가 있
습니다. 숨어 있습니다. 숨어서 존재하고 있습니다. 사실 북한 사람들은, 일
반 사람들은 '동성애'라는 말을 쉽게 안 쓰고 입에 올릴 일이 별로 없습니다.
일반 사회에서는 딱 당사자가 아니고는 동성애자라는 말을 잘 안 씁니다.
알지도 못하고 관심도 없고 이렇게 되어 있습니다.

Q: 북한에서 듣고 본 동성애 사례가 있으십니까?

A: 북한에 동성애자가 있다는 사실을 알게 된 계기가 한 번 있었어요. 바로
1980~1982년 사이로 기억하는데요. 우리 조선업 문학부 고전문학과 졸업
생 중에 상급생 한 분이 있었어요. 그분이 바로 사회 안전성(지금 인민보안
성) 정치부에 계셨습니다. 어느 날 평양시에서 오가다가 그분을 만났는데
이러저러한 과거 얘기도 하다가 '동성애자'라는 말이 나왔습니다. 그때 그
분이 이런 말씀을 하시더라고요. 북한에 동성애 문화가 들어오기 시작한 때
는 1959년이었다고 하더라고요. 그때 제1귀국민들이 일본에서 살다가 북
한으로 귀국하면서부터 그 문화가 북한에 들어갔다고 합니다. 아마 귀국해
들어가는 분 중에, 동성애자나 동성애 성향을 지닌 분들이 좀 있었던 것 같
습니다. 문서상으로 알게 된 겁니다. 간접적이지만은.

---

1   이 자료는 2019년 6월 1일 "북한 성소수자들의 비애"라는 제목으로 유튜브((https://www.
    youtube.com/watch?v=VNr7IK9znkQ)에 올라온 내용을 핵심적인 부분만 발췌하여 정리
    한 내용임을 밝힌다.

그러나 제가 '동성애자가 내 옆에도 있을 수 있구나.' 하는 사실을 깨닫게 된 계기는 1992년도였습니다. 그때 북한군 협조단에서 첼로를 치던 분이 계십니다. 나보다 나이가 몇 살 정도는 한참 위였어요. 그분이 이제 나하고 문화적으로 잘 통해서 자주 만나곤 했댔어요. 그런데 이분이 한동안 우리 집에 오지 않았댔어요. 그때는 그분이 제대해서 평양 제1고등중학교 수석 지도원으로 배치받고 출근한다는 말을 들었는데, 이후 한동안 보지 못했어요.

그런데 어느 날 밤 그분이 어디 갔다 오는지 우리 집 앞에 딱 있더라고요. 근데 목이 아래쪽으로 부은 것 같은 느낌을 제가 받았어요. 그래서 제가 물어봤어요. "언니, 혹시 무슨 일이 있었어요? 목이 왜 이렇게 약간 부은 것 같은데, 몸에 난 거예요? 아니면 무슨 병에 걸린 거예요?" 하고요. 그러니까 그분이 그때 이 말을 해주더라고요. '자기가 동성애자로 신고돼서 사회안전부에 잡혀갔다 왔다'고요. 보름 동안 잡혀 들어가 있었답니다. "왜 언니가 동성애자예요? 그건 무슨 소리예요?" 다시 물어봤어요. 그러니까 아주 가깝게 지내는 제1귀국민 여성이 한 분 있었대요. 근데 그 제1귀국민 여성도 아이 하나를 가지고 평양시 어디에선가 혼자 살고 있었는데, 기회가 생겨 친구를 맺어가지고 자주 왕래했던 것 같아요. 그 집에 가서 오랜 시간 만나서 놀기도 하고 그분도 또 제1귀국민 집에 가서 놀고 그랬대요. 서로 집을 왔다 갔다 하면서 교류가 아주 깊었고 시간도 길었던 것 같아요.

그러니까 인민반인지, 어느 조직 선인지, 인민반 선인지 모르겠는데, 동성애자로 의심된다고 밀고했다는 거예요. 그래서 한날한시에 두 분이 동시에 잡혀갔답니다. 서로 딴 방에다 가둬놓고 취조하기 시작하는데, 마지막 날에는 작살나게 때리더래요. 그냥 맞고 또 맞고, 맞고 또 맞고 하잖아요. 그러니까 임파선이 불어나더랍니다. 거의 얼굴 높이만큼 임파선이요. 그래서 어떻게 됐나 했더니 끝까지 버텼대요. 자기도 북한 내에서 동성애자는 무자비하게 처리한다는 소리를 들었고, 정치범의무소로 보낸다는 얘기도 들었기 때문에 맞아 죽을지도 모른다고 생각했대요. 그래서 숨이 넘어가는 순간까지 끝까지 아니라고 우겼대요.

이 동성애 현상이 북한 사회에 조금씩 비밀리에 퍼져 들어가고 있다는 사실을 김정일까지 알게 된 계기는 바로 1980년대 초라고 합니다. 1982년인가 정도 된다고 합니다. 이 동성애 관련 지시가 내려와서 지금 자기가 이런저런 걸 한다고 하더라고요. 그래서 "그럼 김정일 지도자 동지가 뭐라고 말씀하셨습니까?"라고 내가 물어봤습니다. 그러니까 그분이 그저 이런 식으로 요약해서 저한테 말해주더라고요. '김정일 왈(曰), 히틀러도 동성애자들은 무자비하게 처형했다. 집단주의 국가라서 집단생활을 많이 하는 우리나라에 썩고 병든 자본주의 사회의 생활인 동성애가 잠입하기 시작하면 큰일 날 수 있다. 때문에 사회안전부가 곳곳에 있는 동성애자들을 제때 적발해서 제때 처리하라.' 이런 지시를 내렸다고 합니다.

Q: 군대에도 동성애자가 있습니까?

A: 군대에서는 아주 그 더러운 현상들이 많다는 거죠. 지휘관들이 밤마다 자기가 거느린 애 어린 병사들을 한 명씩 불러다가 같이 끼고 잔다는 거예요. 같이 끼고 자고 뭐 어떻게 주무르고, 어쩌고저쩌고 이렇게 저렇게 한다는 거예요. 이 자리에서 구체적으로 말을 못 하겠는데, 하여튼 그때 그 말을 들은 남자들은 어쩐지 모르겠는데 몇 명의 여자들은 아주 더럽게 그 사람을 쳐다봤습니다. '아니, 이건 무슨 소리인가? 군대에서 어떻게 저런 일이 있을 수 있는가?' 이런 생각을 좀 했댔습니다. 그때 내가 잡혀갔다 나온 그 언니 말을 듣고 순식간에 대학 때 일이 떠올랐어요. 내가 1972년에 대학에 들어가서 1979년 4월에 졸업했는데, 그때 제대군인 동창생으로부터 들은 말이 생각났습니다. 그때 확실하게 '그것이 동성애였구나.' 이렇게 결론을 내렸습니다.

Q: 동성애로 잡혔다가 살아남는 방법이 있습니까?

A: 동성애자로 누명을 쓰고 잡혀갔다가 간신히 살아남은 그 언니 말에 의하면 동성애자가 살아남는 길은 동성애 혐의를 벗거나, 숨이 넘어갈 때까지 죽도록 맞아도 끝까지 아니라고 부인하는 것밖에 없다고 하더라고요. 이것이 동성애자가 살아날 수 있는 유일한 길이라고 하더라고요. 그다음에 동성애 혐의를 받는 사람이 지독한 매질을 견딜 수가 없어서 조금이나마 "그래요. 내가 동성애자입니다." 이렇게 진술하면 그 순간 그 사람은 더 험한 매를 맞고

결론적으로 정치범수용소로 이관된다고 합니다. 북한에서 동성애자가 살아남는 길은 끝까지 매질을 견디면서 아니라고 부인하는 길밖에 없어요. 그 매질을 견디지 못해 인정하고 정치범수용소로 끌려 들어가면 죽는 것이죠.

그런데 이 점에 대해서 말씀드립니다. 집단주의 국가인 북한에도 동성애가 없을 리야 없겠죠. 남자는 남자대로 여자는 여자대로 군대가 형성되어 있습니다. 돌격대다 뭐다 해서 모든 군대가 집단군 형태로 움직이는 거죠. 거기는 모두 이렇게 남녀가 구별되어 있습니다. 이런 체제로 움직입니다. 때문에 동성애자가 없다고 말할 수가 없습니다. 분명히 있을 것입니다. 북한의 성소수자들이 어떤 경로를 통해서 그렇게 됐든지 간에, 그 사람들이 자유로이 성 정체성을 공개하고 대한민국처럼 서울 도심에서 퍼레이드 같은 것도 벌였으면 좋겠습니다. 남한에서는 그런 대행사를 인정하잖아요. 동성애자임을 떳떳이 밝히고 행사를 하잖아요. 과연 북한에서는 아무 위협을 느끼지 않고 진행할 수 있는 날이 언제가 될까요? 멀고도 멀 것 같습니다. 북한이 자유화된 나라가 된 다음에, 북한 성소수자들의 생활이 공개적으로 북한 사회에도 오픈되어야겠죠. 또 그분들이 전 세계 성소수자들과 연대하고, 그런 과정에서 성소수자 퍼레이드 같은 행사를 진행하면 되지 않을까요? 감사합니다.

연구 노트 : 곽상인

'성'에 관한 이야기는 아름답지만, 한편으로는 늘 은밀하다. 그렇기에 우리는 비밀스러운 곳에서 인간의 욕망을 이야기한다. 이 책의 표제인 '북한에도 성소수자가 있을까'라는 물음은 '성'을 증언한다는 측면에서 보자면 흥미롭거니와, 그중에서도 성소수자의 이야기를 담았다는 점에서는 문제적이라 하겠다. 동서고금을 막론하고 '성'은 인간의 본능(동물적)을 드러내 보이기에, 종종 관음의 대상이 될 수밖에 없다. '성'을 가리거나 다른 색으로 예쁘게 칠한다고 하더라도, 결국에 인간은 '성'을 보고 싶어 할 테니까. '성' 안에는 사랑과 윤리와 도덕과 에로틱한 인간관계만이 존재하는 것은 아니다. '성'에 대한 이해가 정상적으로 작동하지 않으면 탐욕과 퇴폐와 가학(사디즘 또는 마조히즘)과 육체적 정복만을 탐하는 포르노그래피의 세계로 나아갈 수도 있다.

이 지점에서, 과연 우리는 아름답고 예쁘게 포장된 '사랑'만을 보고 싶어 할까. 게다가 '성소수자'에 대해 보수적 태도를 보이는 북한에서 '게이' 또는 '레즈비언' 같은 동성애가 행해졌다면 어떨까. 유럽 사회야 이런 성소수자 문제에 대해 개방적이거나 관대하겠지만, '밀실'처럼 폐쇄적인 북한에서라면 사정이 다르지 않을까. 이번 기획인 『북한에도 성소수자가 있을까』는 북한의 '성'에 대한 인식은 물론, 그 내부에서 은밀하게 진행된 성소수자의 증언을 담았기에 흥미롭다고 하겠다. 북한과 관련한 많은 연구물을 봐 왔지만, 성소수자를 다룬 내용을 본 적은 없어서 이번 기획은 의미가 있겠다.

이 책 『북한에도 성소수자가 있을까』에는 크게 네 가지의 이야기가 담겨 있다. 첫 번째 '인간의 도리를 벗어난 짓', 두 번째 '여자가 여자를 사랑할 수 있을까.', 세 번째 '언니들의 은밀한 놀이', 네 번째 '평양 기자 출신이 말하는 북한 성소수자에 관한 의견'이 그렇다. 개별적으로 진술된 내용을 정리해보겠다.

첫 번째 '인간의 도리를 벗어난 짓'에서는 30대 초반인 임 씨의 경험 세계를 담았다. 그에 따르면 북한 내에서는 '남자가 남자를 좋아한다.'는 말을 농담 삼아 종종 얘기한다고 했다. 동성애를 느끼는 감정이 아니기에, 남자가 남자를 껴안고 여자가 여자를 껴안는 행위는 농담이나 장난 정도로 인식한다고 했다. '게이'나 'LGBT' 같은 느낌의 개념이 없어, 남자든 여자든 친한 친구끼리 손잡고 어깨동무하는 스킨십은 전혀 이상한 행동에 해당하지 않는다는 것이다. 곧 북한 사회에서 동성끼리의 스킨십은 친근함의 표현이자 우정의 제스처 정도로 이해하면 되겠다.

다만 문제적이라 볼 수 있는 대목은 북한에서의 군 생활이라 하겠다. 북한 군대에서는 120명 정도가 같은 공간에서 지내기 때문에, 다 같이 옷을 벗고 나란히 누워서 살을 맞대고 자는 경우가 많다. 북한의 군 복무 기간은 10년이다. 이처럼 긴 시간 동안 같은 공간에서 지내야 하기에 장난식으로 욕망을 표출하는 정도지, 동성애의 감정은 아니라는 것이다. 남자를 정말로 좋아해서 성추행을 하는 듯한 행동은 하지 않는다고 한다. 예컨대 군대에서 신병이 들어왔는데 예쁘장하게 생겼으면 여성 프레임을 씌워 장난을 치기는 하나, 그것이 '동생 같다.'는 표현의 방식이지 동성 간에 느끼는 감정은 아니라는 것이다. 그러면서 임 씨는 중요한 이야기를 했다. '북한은 북한만의 시각으로 북한을 해석해야 이해가 빠르다는 것'이었다. 북한에는 LGBT 같은 느낌이 전혀 없고, (북한 입장에서의) 상식선에서 어긋나는 것도 없다고 한다. 하물며 북한에는 '게이'나 '레즈비언' 같은 단어나 개념 자체가 없어서 동성애에 대한 인식이 부족한 것으로 보인다. 다만 '동성애'보다 '중성'이라는 표현을 쓴다고 하는 것이 인상적이다.

북한 당국에서도 '동성애는 있을 수 없는 일'이라고 규정하고 있다. 동성애나 성소수자가 이슈화 됐으면 당국에서 지침이 내려와 어떤 식으로든 단속했을 것이다. 간혹 여자가 여자를 좋아하고 남자가 남자를 좋아하는 경우는 있는데, 그것을 목격한 주변의 반응은 '얼마나 인기가 없었으면 자기네끼리 그랬겠냐.', '자기네끼리 개지랄을 한다.'는 식이다. 북한에도 병원에 '정신과'는 있는데 성소수자 자체를 배제하고, '그런 것은 절대 있을 수 없다'고 단정을 짓는다 했다. 뭔가 잘못되더라도 '좀 노력하세요.'라는 말뿐이라는 것이다. 만약 동성끼리 사랑하다 발각되면 '생활총화'에 그치는 정도가 아니라 감옥에 가거나 자칫하다가 돌에 맞아 죽을 수도 있다고 말했다. 그것은 '인간으로서 하지 못할 짓'이며, '썩고 병든 자본주의 사회의 모습'이라는 인식이 강하다는 것이다. 종종 국제뉴스에서 유럽사회의 동성애 또는 동성혼에 대한 소식이 전해지면 '저게 어떻게 가능하지? 여자가 여자랑 결혼하면 어떻게 되는 거지?'라고 생각한다는 것이다. 갇힌 프레임 속에서 살았기에, 동성애에 대한 인식이 없다는 것이다.

두 번째로 '여자가 여자를 사랑할 수 있을까.'의 경우를 살펴보겠다. 50대 중반이 된 박 씨는 자신의 친구가 성소수자였음을 증언했다. 비교적 짧은 인터뷰였는데도 기억은 명확했다. 특히 그 친구가 자신의 오빠를 좋아해서 더 기억에 남는다고 했다. 성소수자였던 그 여성은 처음에 남성을 좋아했는데, 자꾸 실연을 당하면서 여자를 좋아하게 되었다고 한다. 그 친구 엄마도 자신의 딸이 동성애를 하는 것을 알고 너무나 속상했는데, 강한 처벌을 받을까봐, 인맥을 이용해서 감옥행을 면했다고 언급했다. 북한에는 CCTV가 없어서 여성이 동성애를 하는 장면을 증거로 잡기가 어렵다. 남한에서처럼 녹음기나 전화기, 또는 카메라가 있었다면 걸렸을 것이다. 그런데 북한에는 이런 시스템이 없으니까 이상한 짓을 다 해도 증거를 잡기가 어렵다. 비록 한 가지의 사례를 들어 성소수자를 언급하고 있으나, 실질적으로는 더 많은 사례가 있을 것으로 판단이 된다. 만에 하나 성소수자로 낙인찍히거나 소문이 돌면 그 동네에서 살기는 힘들다고 한다.

세 번째 '언니들의 은밀한 놀이'의 경우를 정리하겠다. 20대인 설 씨는 8살 때 동네 언니들이 집에서 동성애와 유사한 행위를 한 것을 본 적이 있다고 증언했다. 당시에는 성소수자라는 인식이 없었는데, 성인이 돼서 기억을 더듬어보니 그것이 성행위와 유사했다는 것이다. 어렸을 때지만 언니들의 행동을 보면서 '그걸 하면 안 된다.'는 생각이 들었다고 했다. 그리고 어른들한테 말하면 안 된다는 느낌도 받았다는 것이다. 설 씨는 이때 자신이 다른 누군가에게 언니들의 행위를 말했다면, 그들은 무기징역이나 공개 처형을 당했을 것이라고 회상했다. 그러면서 의미 있는 이야기를 했는데, 북한에서 동성애는 '남조선 드라마를 봤다.'는 죄목을 씌워서 처형할 수 있는 죄라는 것이다. '남한 드라마를 봤기 때문에 동성애 행동을 한다'고 인식한다는 것이다. 또한 주변의 시선을 피해 산에 올라가 구석진 곳에서 손잡고 있는 경우가 많았다고 한다. 집에서도 문을 잠그거나 커튼을 치거나 불을 어둡게 해서 이불을 뒤집어쓰고 옷도 벗고 서로의 몸을 탐하는 경우가 있었다고 증언했다.

마지막으로 '평양 기자 출신이 말하는 북한 성소수자에 관한 의견'을 정리해보겠다. 이 장에서는 평양 기자 출신 김 씨가 말하는 성소수자에 대한 내용을 질의응답식으로 재구성하였다. 김 씨에 따르면 북한에는 공식적으로 동성애자가 없다고 한다. 법적 · 제도적으로도 동성애자가 없어야 하는 것이 바로 북한이라는 것이다. 그럼에도 실제 북한에는 분명히 동성애자가 있다고 했다.

사실 동성애 문화가 북한에 들어오기 시작한 때는 1959년이었다고 한다. 그때 제1귀국민들이 일본에서 살다가 북한으로 귀국했는데, 그때 동성애 문화가 유입되었다고 보았다. 그러나 김 씨가 실제로 동성애를 목격한 것은 1992년도였다고 증언했다. 그때 김 씨가 알던 언니가 동성애자로 신고가 돼서 북한 사회안전부에 끌려가 보름 정도 가둬놓고 취조를 당했다고 한다. 마지막 날에는 심하게 폭행을 당해 임파선이 부었다고 했다. 실제로 북한에서는 동성애자를 무자비하게 처리하는데, 예를 들어 정치범 의무소로 보내서 죽을 만큼 폭행을 가한다. 동성애 현상이 북한 사회에서 비밀리에 퍼진다는 것을 김정일은 1980년대 초에 알았다고 한다. 김정일이 알 정도니까, 북한에 동성애자가 없다고 말할 수는 없을 것이다. 과연 북한에도 동성애자임을 떳떳이 밝히고 퀴어축제를 할 날이 올까? 북한이 자유화된 나라가 된 다음에라야 비로소 성소수자들의 생활이 공개적으로 드러나지 않을까 싶다.

○ 저자소개

전주람(Jun Joo-ram) ramidream@daum.net
1979년 서울에서 태어났으며, 성균관대학교 가족(가족관계 및 교육, 가족문화)으로
박사학위를 최종 취득하였다. 서울시립대학교 교육대학원 교수학습 · 상담심리 연
구교수로 2017년 7월부터 2019년 6월까지 재직했으며, 현재는 서울시립대학교
교직부 소속으로 〈부모교육과 가족관계〉, 〈심리검사를 활용한 심리치료〉, 〈심리학
의 이해〉를 가르치고 있다. 저서로는 『절박한 삶』(공저, 2021년 서울대학교 다양
성위원회 선정도서), 『20대에 생각해보지 않으면 후회할 것들』(공저), 『21세기 부
모교육』(공저, 2023년 세종도서 학술부문 선정도서) 등이 있다.

곽상인(Gwak Sang-in) gwaksi@hanmail.net
전남 진도에서 출생했으며, 현재 서울시립대학교 자유융합대학 교양교육부 교수
로 재직 중이다. 학생들에게 주로 (인)문학을 비롯, 다양한 형식의 글쓰기를 강의
하고 있다. 2002년 제2회 〈사이버문학상〉에 단편소설 「타래」로 입선했으며, 「상처
에서 벗어나거나 혹은 공존하거나(1-2)」(『시와 산문』, 2017년 겨울)로 평론 데뷔
를 하였다. 주로 현대소설에 나타난 인물들의 심리 분석을 연구해 왔으며, 최근에는
소설과 영화, 문화 현상 및 북한이주민과 관련해 연구를 진행하고 있다. 「현대소설
에 나타난 문신(tattoo)의 유형과 그 의미」, 「채만식 수필에 나타난 근대 공간 속 타
자들의 질병」, 「영화 〈국제시장〉에 나타난 시간과 기호의 서사」, 「황석영의 〈바리
데기〉에 나타난 환상 서사」외 다수의 논문을 발표한 바 있으며, 저서로는 『이병주』
(공저, 2017), 『절박한 삶』(공저, 2021년 서울대학교 다양성위원회 선정도서), 『20
대에 생각해보지 않으면 후회할 것들』(공저, 2022), 『소통 · 창의 · 공감의 글쓰기』
(공저, 2022), 『북쪽 언니들의 강점 내러티브』(공저, 2024년), 『북한이주민과 정체
성 내러티브』(공저, 2024년), 『북한이주민과 미시환경』(공저, 2024년), 『공감을 넘
어, 서로를 잇다』(공저, 2024) 등이 있다.

김지일(Kim Ji-il) kkmlsa2021@naver.com

북한 평양에서 태어났으며, 북한의 제1고등중학교 졸업 후 17살 되던 해부터 10년간 군 복무를 하였다. 군 복무 중 돈과 성분에 의해 모든 것이 결정되는 북한 사회의 암담한 현실을 보며 실망과 좌절을 안고 탈북을 결심했다. 현재 한국 사회에 정착하여 대학교에서 회계학과 북한학을 전공하고 있으며, 교수자의 길을 걷고자 학업에 매진 중이다. 2021년부터 국방부 강사로, 2024년부터는 통일부 24기 통일교육위원으로 활동하고 있다. 현재는 〈북한기록문학〉 10권 시리즈 집필에 동참하고 있으며, 북한정세에 대한 밝은 판단력을 바탕으로 감수자 역할도 수행하고 있다. 지속적인 연구 관심사로는 남북 분단과 국가론, 개혁개방을 위한 북한 경제법, 북한이주민의 정체성 찾기, 한국의 저출산과 북한이주민 문제, 사회적 약자의 권리 찾기 등이 있다. 저서로는 『공감을 넘어, 서로를 잇다』(공저, 2024)가 있다.

북한에도
성소수자가 있을까?

초판인쇄 2025년 5월 9일
초판발행 2025년 5월 9일

지은이 전주람 · 곽상인 · 김지일
펴낸이 채종준
펴낸곳 한국학술정보(주)
주   소 경기도 파주시 회동길 230(문발동)
전   화 031-908-3181(대표)
팩   스 031-908-3189
투고문의 ksibook1@kstudy.com
등   록 제일산-115호(2000. 6. 19)

ISBN   979-11-7318-401-7 93330